Anonymous

Ottobeyren

Anonymous

Ottobeyren

ISBN/EAN: 9783743379275

Hergestellt in Europa, USA, Kanada, Australien, Japan

Cover: Foto ©ninafisch / pixelio.de

Manufactured and distributed by brebook publishing software (www.brebook.com)

Anonymous

Ottobeyren

Das von der Gottseligen Milde

SYLACHI

Gestiftete,
Durch weise Regierung Würdigster
Vorstehern
erhaltene,
Durch ausnehmende Freygebigkeit
der Höchsten, und Ansehnlichen
Gutthätern
verherrlichte
Tausendjährige Ottobeyren.
oder
Kurtze Beschreibung
der
Stifftung / Erhaltung / und Wachsthum deß uralten /
und befreyten Reichs Stiffts, und GOtts-Hauses
Ottobeyren
zum Druck beforderet /
da die neu erbaute Kirche feyerlichist eingeweyhet wurde
in dem Jahr 1766.

Ottobeyren, Gedruckt bey Carl Joseph Wanckenmiller.

Vorrede.

Ein angenehmeres Opfer kan die Menschliche Nie- **I.** Gelegenheit
drigkeit der Göttlichen Majestät abstatten, als wenn selbe die dieser Historz.
empfangene Gnaden, und Wohlthaten immer in frischen Angedencken behaltet, und nach jhren Kräfften zu erheben, und
zu bewunderen sich bestrebet. Nicht allein äusseret der Allerhöchste einen Eckel ab allem Fleisch, und Blut der Geschlach-
teten Thieren, sondern versicheret außdrücklich, daß jhme allein das Opfer
deß Lobes zur Ehre gereiche. Pl. 49. & al. Er befahle, daß die Hebräer
das Gedächtnisse fast eines jeden seiner Wercke feyerte. Ist auch niemand
so unbewandert, und fremd in der Geschicht deß alten Gesetzes, deme diese
Wahrheit nit mit hellen Strahlen in die Augen glänte. Ja gleichsam erkleckte dem Schöpfer nit, daß allein der vernünfftige Mensch seine Großthaten auf der Erde belobete; ertheilte Er auch jenen Geschöpfen, welche
ansonst die Natur deß Leben, und aller Sinnen beraubet, ein gewisse Art
der Beredsamkeit, damit die Himmel seine Herrlichkeit erzähleten, das
Firmament seine Wercke verkündete, Pl 18. v. 1. ja alles, was in dieser
Allheit ist, ruffete, daß es sich selbsten nit gebildet, sondern allein deßwegen seye, weilen die Allmacht selbes gestaltet. S. Aug. l. 11. Conf. c. 4.
Wir glauben dahero nit, daß sich jemand verwunderen werde, warum ge-
genwartige Historie an das Licht trette, und in offentlichen Druck erscheine.
Tausend Jahre sind nunmehro verstrichen, nachdeme die preißwürdigste
Milde der frömmesten Stifftern zu unserem Gottes-Hauß den Grund-
Stein gelieget. Unser Vatterland sahe in so langer Reihe der Jahren die
festeste Schlösser, und Burgen in Steinhauffen verwandelt, sehr viele Dörffer, Flecken, und berühmteste Städte also verwüstet, daß wir jhre Namen,
und Gräntzen in den Aschen oder unter dem Schutt suchen müssen, die
edelste Familien erloschen, ja sein Haupt deß Hertzoglichen Huts beraubet, welches ansonst Kayser Cronen zu tragen gewohnet ware. Ottobeyren indessen hatte die alles zermalmende Zähne der Zeiten nit zu fürchten,
stunde mehrmalen auß seinen Aschen, gleich einem Sonnen-Vogel, mit voll-
kommneren Zierde auf, genosse seiner ersten Freyheiten biß auf diese Stund,
und zernichtete die wiederhollte Stürme verschiedener Zufälle mit so grossen
Vortheil, daß selbes anjetzo sein tausendes Jahr mit Einweyhung der neu
erbaueten herrlichen Kirche becrönen kan. Wenn denn der weiseste König
bey Einsegnung seines prächtigen Tempels besonders jene Psalm-Lieder,
in welchen sein erleuchteter Vatter die Geschichten der Israeliten, und
Wunderthaten GOttes beschrieben, hat durch die Priester, und Levi-
ten absingen lassen: Warum sollen nit auch wir die unzahlbare Gnaden

X 2 deß

deß Himmels in einer kurtzen Beschreibung der Welt für die Augen legen, um so wohl unsere Danckbarkeit zu ermuntern, als eine verehrenswürdige Nachbarschafft einzuladen, das Sie ihre Stimme mit uns vereinigende, aufruffe: Lobet den HErrn, weilen er gütig ist, weilen seine unermessene Barmhertzigkeit ewig fürdauert. 2. Paral. c. v. 13.

2.
Der Inhalt derselben

Und dieses ist das Ziel, und einige Absehen dieses geringen Werckgen, in welchem die traurige Schicksale theils beygerucket, weilen, gleichwie die Gall dem Tobiæ die Cörperliche, Tob. 11. v. 13. 14. also insgemein die widrige Zufälle den Menschen die Gemüths-Augen eröffnen; theils aber mit Stillschweigen umgangen werden, nach dem Beyspiel eines klugen Artzten, welcher die glücklich zugehailte Wunden aufzureissen sich scheuet, auf daß er nit die alte Schmerzen erneuere, und die vorige Ubel vergrössere.

3.
Abtheilung

Ubrigens ist diese Historie in 3. Theil, wie leicht auß dem Titul-Blat zu erkennen, abgetheilet: deren ersterer den Ursprung, der zweyte die Fortpflanzung, der dritte das Wachsthum kürzlich erkläret. Wir gestehen zwar, daß die fürtreflichste Tugenden unserer mildesten Stifftern, die Großthaten der mehresten Vorstehern, die unzahlbare Gnaden, und ansehnlichste Freyheiten, durch welche die höchste Häupter der Kirche sowohl, als deß Reichs samt anderen freygebigsten Gutthätern ihre glorreicheste Namen in unseren Jahr-Büchern verewiget haben, verdieneten von einem Römischen Lob-Redner belobet, oder wenigstens von einer Patavinischen Feder verzeichnet, der Nachwelt zur Bewunderung übergeben zu werden. Allein nöthiget uns der enge Raum der Zeit, und Blätern, daß wir dem Beyspiel der erfahnesten Meistern nachahmen, welche die Heldenthaten, Schlachten, Belagerungen, Kriege, ja den gantzen Erdkreise auf einem einigen Bogen einschlüssen, oder auf einer wenigen Leinwad mit dem Pemsel abschildern.

4.
Die Schreibens-Art

In allem beseelet unsere Feder die Liebe der Wahrheit, und Geist der Bescheidenheit. Und gleichwie, wenn die Entfernung die Gegenwürffe zu unterscheiden den blöden Augen verbietet, wir uns der von der Kunst erfundenen Mittel gebrauchen: also suchen wir unsere Sätze, welche die länge der Zeiten dunckel, und streittig zu machen scheinet, durch standhaffte Zeugnissen frembder Geschicht-Schreibern darzuthun, und zu erläutern. Obschon auch auß diesen Crusius zimlich bissig, und verächtlich geschrieben: werden wir doch unseren Kiel niemahlen mit Gall besudeln, sondern entweder mit Bescheidenheit antworten, oder unsere Historie ununterbrochen fortsetzen, wohl wissende, das unartige Wespen jeden ohne Unterscheid verwunden; unschuldige Bienen aber ihr Honig auf den Blumen sammeln, und sich ihres Stachels allein wieder jene gebrauchen, durch deren Unvorsichtig- und Unbehutsamkeit sie zu gerechten Zorn, und Gegenwehr genöthiget werden.

Erster

Erster Theil.

Von dem Urſprung / oder Stifftung deß Gottes-Hauſes.

§. I.
Von dem Herkommen, und Adel der Stifftern.

ES iſt uns zwar nit unbekant, wie ſorgfältig, und nachdrücklich der H. Paulus ſeinen geliebten Jünger ermahne, daß er ſich der thörichten Fragen von der Geſchlecht Außrechnung entſchlagen ſolle. ad Tit. 3. v. 9. Allein erinneren wir uns auch deß Gebohts deß weiſen Syrach, da er uns befehlet, das Geſchlecht unſerer Aeltern, und Vätter zu loben. Eccl. 44. v. 1. Unterſuchen dahero das Geſchlecht-Regiſter unſerer gottſeligſten Stifftern deſto geneigter, weilen wir in ſelbem ſo vile hochberühmte, wegen Stärcke, und Weißheit ſo groſſe Männer finden, daß die ſpate Nachwelt niemahlen entſcheiden wird, ob ſelbe mehrer Licht von ihren groſſen Ahnen ererbet, oder durch eigene Heldenthaten ihrem glorwürdigſten Stamm-Hauſe ertheilet haben. Obwohlen wir nit geſinnet ſind eine Lob-Rede dieſer unvergleichlichen Helden zu verfaſſen: vielmehr ſchräncken wir unſere Beſchreibung in den engen Gräntzen der Hiſtoriſchen Kürtze ein, und bringen mit wenigen bey, was wir von dem uralten Stamm-Hauſe unſerer großmüthigen Vättern in unſern, und Fremden Jahr-Büchern finden.

Sylachus iſt jener groſſe Stiffter, deſſen Milde und Frömmigkeit ein annoch blühendes Ottobeyren ſein gantze Gröſſe danckbariſt zuſchreibet. Sein Geſchlecht leitet Lazius her von denen dapfferen Grafen von Tragento, oder vielleicht Tarento auß Calabrien, deren letztes Licht Ruſſo in dem Treffen zwiſchen Pipino dem König der Francken, und Aiſtulpho dem König der Longobarder alſo erloſchen iſt, daß deſſelben Sohne Bonoſus, als preyß-würdigſter Stamm-Vatter der Grafen von Keſſelberg, nachmahlen in Schwaben, oder Alemannien weit hellere Strahlen ergieſſete. Denn Ihme ward auß ſeiner ſehr Gottsförchtigen Gemahlin von Montfort gebohren Bero, ſo ſich mit einer von Bodmann vermählet, und nebſt 2. Töchtern 4. Söhne erzeuget, auß welchen der dritt gebohrne Tallatarius der Vatter unſeres Gottſeeligſten Stiffters iſt. Alſo zenget Lazius l. 8. de gentium aliquot migrat, Ed. Francof. p. 431. Nach Meynung diſes gelehrten Manns, welchen die Erfahrenheit zur Würde eines Kayſerlichen Geſchicht-Schreibers erhoben, iſt alſo unſtreittig, das Sylachus auß einem der edelſten Häuſern, welche in dieſem Jahrhundert

in

in Schwaben blüheten, abstammete. Genosse dahero Otto, oder Hatto desselben Enckel das besondere Glücke, Adelindem eine Tochter deß damahligen Hertzogen in Schwaben zur Gemahlin, und Carl den grossen zum Schwagern zu haben. Hierüber verdienen auch gelesen zu werden Bruschius Monaster. Germ. Chronol. Ed. Ingolstad. A. 1551. p. 17. & seq. Crusius Annal. Suev. l. 11. P. 1. c. 8.

3. Bruschij, Crusij &c.

Bruschius erhebet die Hoheit dieses Stamm-Hauses weit mehrer, und behauptet p. 175. das Sylachus ein Hertzog der Francken, Stadthalter in Alemannien, und Graf von Jlergew gewesen. Stimmen auch, die letztere 2. Würden betreffend, mit ihme überein Heinricus Pantaleon Prosopogr. Her. atque illustr. Vir, P. 3. Edit. Basil. A. 1566. p. 422. Crusius l. c. C. 9. und Lazius, wie wir gleich sehen werden. In allem gründete er sich auf die allgemeine, und beständige Meynung unserer Vorfahrern, welche unsere Stiffter jederzeit für einen würdigen Sprossen eines Hertzoglichen Hauses, und Grafen von Jlergew gehalten, wie solches auß der A. 1495. verfertigten Reliquien-Sarg, auß den gelehrten Schrifften P. Nicolai Elenbog, welcher A. 1505. seine Gelübde bey uns abgeleget, und A. 1543. als Prior gestorben, auß den alten Gemählden der alten Kirche, und Badhauses, wie P. Gallus Sandholzer bezeuget, und auß anderen aeltteren Schrifften erhellet.

4. Die Tugenden dieses Adelichen Hauses.

Ubrigens strittete in dieser adelichen Familie die Liebe deß Vatterlandes mit einer außnehmenden Gottes-Furcht in die Wette. Nämlich die Sterne, ein ächtes Sinn-Bild deß wahren Adels, theilen nit allein ihr Licht der Erde mit, sondern beeiferen sich auch die Winde ihres Erschaffers zu befolgen. Baruch. 3. v. 34. 35. Dahero gleichwie Bonosus, und andere sich ein immerwährendes Angedencken erworben, weilen sie Schwaben mehr durch ihre Kriegs-Erfahrenheit, und unerschrockene Brust, als die vielfache Bollwercke geschützet: also suchten die übrige, obschon ihr edles Geschlecht in einer kurtzen Zeit außgestorben, durch hertzliche Denckmale ihre Namen unsterblich zu machen. Die offentliche Wercke, schreibet Lazius p. 376. sind noch übrig, nämlich die von disen Grafen gestifftete Clöster: als Kempten, zu welchem die von Hillemont, Uttenbeuren, zu dem die von Jlergew, und Buchaw, zu dem die von Kesselberg den Grund geleget.

5. Und besonders der Stiftern.

Sylachus tratte in die tugendvolle Fuß-Stapffen seiner Ahnen; und gleichwie ihne die Natur mit besonderen Gemüths, und Leibs Gaben, die Geburt mit viel, und grossen Gütern reichlich beschencket: also beeiferte er sich, dieselbe allein zu dem Nutzen deß allgemeinen Wesen, und zur Ehre seines adelichen Hauses zu verwenden. Unsere Jahr-Bücher rühmen besonders seine fürtreffliche Kriegs-Erfahrenheit, durch welche er sich bey dem König Pipino, und dessen grossen Sohne Carl grosses Ansehen erworben; seine Milde, und Gerechtigkeits Liebe, wegen welcher er nit allein als ein gebietender Herr von den Unterthanen geehret, sondern auch als ein Vatter deß Vatterlandes geliebet wurde. Kurtz: Er ware ein Spiegel deß gantzen Adels, gerecht, Gottselig, und sehr freygebig, dessen Seele ein tieffe Ehrfurcht gegen GOtt, und besondere Leutseligkeit gegen die Untergebene eingenommen hatte. Ein gleiches Lob verdienet dessen würdigste Gemahlin Ermiswint, oder, wie andere bey Bruschio lesen, Ermentrud ein gebohrne Gräfin von Jlergew, welche an Adel, und Schönheit, zugleich aber an Tugenden alle in Alemannien, wie der silberne Monne, die übrige Sternen, übertraffe. Ist deßwegen sich nit zu verwunderen, daß der Himmel diesen heiligen Stammen mit eben so vielen, als tugendreichen Sprossen vermehret; indeme auß so beglückter Ehe drey Söhne Gozbertus,

bertus, oder Gaucipertus, deſſen Haupt die Ertz-Biſchöffliche Inful von
Wien in Franckreich zieret, Toto, welcher durch ſein Heiligkeit, als
erſter Vorſteher, unſer Cloſter erleuchtet, Dagobertus, welchen glaublich
der fruhezeitige Tode annoch in unverehlichten Stand, nach ſeiner angebohrnen Unmenſchlichkeit, als eine unzeitige Roſen hingeriſſen, und endlich ein Tochter Richgardis herfürkommen, und mit dem angenehmen Geruch ihrer Tugenden die Welt erfüllet haben. Wie bedauren billich, daß
uns die nähere Umſtände, und mehrere Proben ihrer Tugend entweder die
Nachläßigkeit der Geſchicht-Schreibern, oder die viele Jahre, und Unbilden der Zeiten mißgönnet haben, welche ohne Zweifel der Himmel genau,
und ſorgfältigſt verzeichnet. Jedoch wir erkennen die Löwen auß den
Klauen, meſſen die ungeheure Rieſen auß dem Schatten ab; und eben alſo urtheilen wir von der Gröſſe unſerer Stifftern auß dem einigen Denckmale, welches ihre Frömmigkeit der Nachkommenſchafft hinterlaſſen hat.

§. 2.
Von der Stifftung.

Sylachus, als er ſich mit ſo vielen Schätzen, und häuffigen Segen, mit
welchen der allgütige GOtt ſeine Tugenden belohnte, bereichert ſahe, faſſte
den heiligen Schluß ein Cloſter zu erbauen, in welchem der Geber alles Guten gelobet, und für ſeine, und der ſeinigen Seele ein immerwährendes Bitt-
Opffer von andächtigen Ordens-Geiſtlichen dem Allerhöchſten abgeſtattet
wurde. Er fande auch in dieſem heiligen Fürhaben ſo wenige Hinderniſſe,
das, weilen ſeine fromme Gemahlin ſo wohl, als ſo groſſer Eltern würdigſte
Söhne alles das Ihrige Heldenmüthig anerbieteten, alſobald zu dem Gott-
gefälligen Wercke der Anfang kunte gemacht werden. Dahero ward unſer
Cloſter in dem Thal, ſo der kleine Fluß Güntz befeuchtet, würcklich geſtiff-
tet, da der Heil. Paulus Römiſcher Pabſt (nit wie Bruſchius will, Honorius, der 126. Jahre vorhero geſtorben) der allgemeinen Kirche vorſtun-
de, in Franckreich Pipinus, und deſſen 2. Söhne Carolus, und Caroloman-
nus, als ſchon vor 10. Jahre gecrönte Könige herſcheten, den Biſchöffli-
chen Hirten-Stab der heilige Toſſo in Augſpurg führete. Wir ſetzen den
Stifftungs Brief von Wort zu Wort in Lateiniſcher Sprache, in welcher er
auch gegeben iſt, bey:

1. Die Stiff-
tung wird be-
ſchloſſen, und
vollzogen.

Anno Incarnationis Dominicæ ſeptingenteſimo ſexageſimo quarto,
regnante Carolo glorioſo Romanorum Imperatore. Ego Sylachus ex
Alemania Vir nobilis, ac præpotens, & uxor mea Ermiswint cum filijs
noſtris Gauzŀperto Epiſcopo, Totone Clerico, ſimul & Dagoberto Lai-
co, Monaſterium in domate proprio, quod diviſum, & ſeparatum libera-
liſſime a cunctis coheredibus noſtris contraximus, & poſſidemus in loco,
qui vocatur Ottenpüra, ſecundum Eccleſiaſticam inſtitutionem, & ju-
dicum leges; in Dei nomine conſtruimus, atque fundamus. Omnia
igitur prædia, & mancipia, totamque familiam noſtram Omnipotenti
Deo, & B. Petro Apoſtolorum Principi, nec non invictiſſimo Mar-
tyri S. Alexandro abhinc in legitimam, ac perpetuam dotem pro
incolumitate utriusque vitæ, & pro remedio animarum parentum
noſtrorum, præfato Monaſterio delegamus, eo pacto, eaque ratione, ut nulli hominum liceat hanc donationem aliquatenus infringere,
aut unquam commutare, ſed ad victum fratribus, & veſtitum, ſummo &
vero Regi Deo inibi militantibus perpetualiter deſerviant. Si quis autem invaſor, quod abſit, aut tyrannus hanc noſtræ donationis confirma-

2. Stifftungs-
Brief.

tio-

tionem irruperit, anathema sit a Deo, & mors super eum æterna veniat; vivensque in infernum, per omnia sæcula cruciandus, descendat. Amen! Amen!

Hi sunt testes, qui viderunt hæc, & audierunt Canto, Hilti, Oteno, Landolfus, Fridebertus, Hargoldus, Rupertus, & alij plures tam nobiles, quam ignobiles.

3.
Die Oerter, so zur Stifftung gehörten, sind 12.

Der Oertern Namen, so anfänglich dem Closter sind geschencket worden, (wie wir in unseren allererst, und bewährtesten Archival Urkunden, und Schrifften finden) sind folgende: "das Haupt, und gröste Ort der Marckt-"flecken, so Ottopüra genennet wird, mit seinen Gräntzen welcher in sich von "gebauet, und ungebauten Boden in der länge zwey, und in der breite ein "Meile, und wenigstens dreyhundert Höfe hat. Item das Dorff Behaim "mit seinen Gräntzen. Das Dorff Habewangen mit seiner gantzen Marck, "oder Gebiet. Und das Land-Gut Holtzeswanc biß in Westerhain. Das "Dorff Hausen mit seinen Gräntzen. Das Dorff Westerhain mit seinen "Meyerhöfen biß in Hirgchaim. Das Dorff Ometingin mit seiner Zuge-"hörde. Die Kirchen Stainhaim, und Kirchdorff mit einigen Höfen. "Das Dorff, so Elka heisset, mit seinen Gräntzen. Das Dorff Dietrices-"hofen mit seinen Höfen. Das Dorff Attenhusen mit allem seinen Anhang. "Item daß am Fluß Wertach gelegene Dorff, Cella genannt, und das Dorff "Wigenhusen mit seinen Gräntzen. Item das Land-Gut Wale von neun "Höffen. Uber das überliessen die Stiffter dem Closter alle ihre Unterthanen, "sowohl leibeigene, als freye mit all jenem Recht, und Ehre, welche "Ihnen als Welt-und Adelichen Gebietern zustehete, jedoch daß hierdurch "denen Untergebenen ihre vorige Vorrechten nit benommen, sondern beybe-"halten wurden.

4.
Die Ursach dessen.

Wenn wir nun die Zahl der Oertern, welche die Freygebigkeit der Stifftern dem Gottshauß geschencket, und die Zahl deren Ordens Geistlichen, welche sie dahin bestimmet, genau einsehen; werden wir leicht begreiffen, daß ihre Absicht auch in diesem Heilig gewesen, und sie auf die Zahl der Aposteln, deren Fürsten Sie auch das Closter nach GOtt gewiedmet, allein abgezielet haben. Denn wenn wir die obbesagte Dörffer zusam rechnen, werden selbe zwölff, ohne die Höfe, und verschiedene in dem Lande hin und wieder liegende Güter, außmachen, deren doch ein ansehnlicher, und fast gröste Theil zu erkauffung der kostbaren Exemption aufgeopfferet werden muste, oder zu anderen Zeiten in frembde Hände gerathen. Eben so viele Brüder, alle von bewährten Adel und Tugend, sollten das Lob GOttes absingen.

5.
Die Verpflegung der ersten Einwohneren.

Diesen wurden Wohnungen um die erste Kirche gebauet, auch darein der nöthige Haußrath geschaffet, also, daß jedem an gemeinen Tägen Speiß, und Tranck auß den gemeinen Küche, und Keller besonder gereichet wurde. An den Festtägen kamen alle zusamen, und wurden nach Gebühr besser bedienet. Damit sich aber jene, welche sich dem Dienst GOttes gewiedmet, nit wegen Abgang deß Zeitlichen beklagten, wurden jedem die Früchten, so unser Land herfürbringet, und auch Wein gegeben. So grosse Sorge trugen diese grosse Adler, welche ihre Augen allezeit unverrücket in die Strahlen der Göttlichen Sonne zu hefften gewohnet waren, daß nit ihre Junge jemahlen entweder auß Zaghafftigkeit, oder auß dringender Noth ihren zarten Aug-Apffel davon abwendeten.

§. 3.

§. 3.
Von der Bestättigung.

Es schiene nun zur Festigkeit und Erhaltung deß Wercks nichts mehr zu ermanglen, als der Schutz, und Schirm eines mächtigen Fürsten. Deßwegen als sich Toto ein Sohne der Stifftern, und, wie wir bald sehen werden, erster Abbt unseres GOtts-Hauses zu Carl dem damahligen König der Francken, und nachmalen gecrönten Römischen Kayser, welcher sich schon dazumahlen nach dem Beyspiel seines Herrn Vatters einen allgemeinen Beschützer der Kirche, und der dazu gehörigen Gütern erwiese, begeben, hat er durch Vermittelung der Königlichen Gemahlin Hildegardis von dem großmüthig, und Gottseligsten Fürsten folgenden Schutz, Freyheit, und Bestättigungs-Brief erhalten.

1. Toto suchet, und erhaltet den Königlichen Schutz.

In Nomine Dei Patris Omnipotentis, & Filij, & Spiritus Sancti.
Carolus a Deo ordinatus, Augustus, Magnus, Pacificus, Rex Francorum, Imperator Romanorum, Gubernans Imperium.

Quoniam Principem, ac Defensorem Ecclesiarum Nos fecit Dominus, ne Ejus ingrati esse videamur Munificentiæ, servitium Ejus augmentare, Ecclesias multiplicare, super inceptis, & constructis bene ac opportune, ne posthac destituantur, potestati Regali convenit tuitionem impertiri. Unde quidquid ad loca Sanctorum damus, vel concedimus, hoc nobis ad mercedis augmentum, vel stabilitatem Regni nostri pertinere confidimus.

2. Carl der grosse bestättiget die Stifftung, und nimmet das Closter in seinen Schutz.

Quapropter notum sit omnibus Principibus nostris, & fidelibus, qualiter Nos ad petitionem dilectissimæ conjugis nostræ Hildegardæ, illustris Reginæ, Abbatem, nomine Totonem, ex Monasterio, quod vocatur Uttenbura, Cella nova, cum hominibus una, & rebus ipsius Monasterij sub nostro Mundiburdio, & defensione, propter illicitas malorum hominum infestationes accepimus, & retinemus. Igitur a præsenti die coram Principibus nostris decernimus, atque præcipiendo præcipimus, ut nulli de Majoribus, atque Minoribus liceat prædicto Abbati, aut hominibus ipsius Monasterij, tam ingenuis, quam servientibus, vel in rebus, quæ ad ipsam casam Dei legitime aspicere videntur, inquietare, aut calumniam facere præsumat, sed sicut diximus, liceat eum una cum jam præfato Monasterio sub nostra tuitione quietum vivere, ac residere. Ac si aliquæ causæ adversus eum, aut homines ipsius Monasterij surrexerint, quas infra pagum cum fidelibus suis definire non potuerint, in præsentiam nostram reserventur.

Et ut omni Regno nostro, & fidelibus nostris pateat, Nos præfatum locum, non avaritiæ, vel quæstus, sed pro amore Dei, & animæ salute, ac defensionis causa in nostram potestatem suscepisse: hinc a præsenti die, & deinceps Fratribus ejusdem Monasterij, auctoritate nostra damus hanc licentiam, & concedimus, ut post discessum Totonis Abbatis potestatem habeant inter se eligendi Abbatem, quem meliorem secundum Regulam S. Benedicti, & aptiorem nostro servitio potuerint, Nobisque, ac Successoribus nostris præsentetur, quatenus Regia sublimetur authoritate, & confirmetur. Investitum siquidem per Nos, liberum hunc ab omni exactione Curiali, vel munere permittimus abire: consecrationem sui, Monachorumque concedentes, ubi a Religiosis duntaxat Episcopis intra provinciam ordinari poterunt, liberrimam habere. Amplius præsenti sane Abbati, ejus succesoribus Monachis, ac hominibus, & negotiatoribus præsati Monasterij, quia nostra authoritate frequen-

3. Erkläret sein Absehen,

4. Und ertheilet die Freyheit 1. einen Abbten,

quentia populi ad Reliquias facras venientis inibi ſtatuimus, hanc libertatis gratiam concedimus, ut ubicunque in Regno noſtro ad negotiandum perrexerint, ſive in civitates, vel in oppida, ſeu pontem, navesque petant, ſivę venientes, ſive redeuntes, ſine exactione telonei cum pace ſecuri tranſeant, & pergant.

5.

Und eines einem Advocaten oder Beschirm zu erwählen.

Item placuit providentiæ noſtræ, in Totonis præfati Abbatis, ſuorumque ſucceſſorum, & Fratrum Monachorum hoc perpetualiter poteſtate ponere, ut Sapientum uſi conſilijs, ex his, quos inter potentes ſæculi noverint eſſe æquitatis, & fidelitatis amatores, eligant ſuis competenter locis Advocatos, & Defenſores, ſi opus habuerint: Sin vero, Nos, noſtrosque Succeſſores juſtiſſimos, & certiſſimos defenſores habeant. Sed nullus hominum ſibi hanc poteſtatem præſumat vendicare, vel quaſi-hereditariam, aut aliquo jure debitam invadere, niſi quem Abbatis, & Monachorum conſulta approbatiora velint admittere, eo tamen tenore, ut poſt fidelitatem Regio jure Nobis, noſtrisque Succeſſoribus, Abbati tria juret Sacramenta.

6.

Der Eyd und Schuldigkeit, den ſo wird Eyd ſchwören.

Primum, quod ſecundum poſſe, & noſſe, juſtus, & utilis Advocatus in homines, & res prædicti Monaſterij exiſtat. Secundum, quod, quidquid placitando acquiſierit, id eſt, injuria bonorum, vel ſatisfactione temeritatum, tertia ſibi parte retenta, duas reddat Abbati, & nullum Advocatum, vel exactorem præter ſe, niſi Abbatis permiſſione conſtituat. Tertium, quod nihil privati muneris, vel ſervitij a quolibet loco, ſive curte, ſeu a villicis, vel a cellerarijs, quaſi ex debito, & ſtatuto jure exigat, ac manſiones, vel pernoctationes uspiam frequentare caveat. Ad unumquemque locum, quem Abbas ad placitandum ordinaverit, cum duodecim equis, & totidem viris Advocatus ſemel tantum in anno adveniat, niſi pro aliqua neceſſitate ab Abbate ſæpius advocetur, ac tunc pro loci qualitate ab Abbate honeſte ſuſcipiatur, & procuretur. Infra locum autem Monaſterij nullum placitum, niſi rogatu, & voluntate Abbatis unquam ſtatuat. Nullum de militari familia ſine juſta ſociorum ſuorum deliberatione damnet, vel aliqua injuria coerceat, & offendat, qui militares, vel alio nomine miniſteriales optimo jure perfruantur, quo Fuldenſes, vel Augienſes potiuntur. Amplius nullum domus ſervientem ſine conſenſu Abbatis ad judicium, vel ad damnum cogat. Quando autem hujus commiſſi, vel in homines, vel in res, quod vulgo Ballmund dicitur, extiterit, ſtatim, ſine mora, & ſine præjudicio, niſi cito reſipuerit, advocatia cum omnibus commodis ſine ſpe recuperationis carebit. Et ut hæc firmius credantur, & diligentius conſerventur, manu propria ſubter firmavimus, & annulo noſtro inſigniri juſſimus.

Ego Luitpertus Archi-Capellanus recognovi, & ſubſcripſi.

Data anno Incarnationis Domini DCCLXIX. Actum Moguntiæ in Pentecoſte, in Dei nomine feliciter. Amen.

7.

Er bleibt der Herr des Cloſters.

Dieſes herrlichen Freyheits, und Beſtättigungs Briefe gedencken nebſt unſeren Jahr-Schrifften Bruſchius, Cruſius, und andere auß den neueren. Hierdurch lieſſe ſich aber die Großmuth dieſes unvergleichlichen Monarchen keine ſo enge Gräntze ſetzen, daß er nit noch andere überzeugende Proben ſeiner allermildeſten Neigung uns gebette. ,, Er ſchenckte, wie wir in unſeren ,, aelteſten Chronicken leſen, ,, an das Cloſter, und übergabe durch die Hände ,, Gauziberti deß Biſchofen, und Totonis deß Abbten ſeines Bruders auß ,, ſeinem Eigenthum 12. Männer ſamt ihren Weibern, und Kindern für ,, das Heyl ſeiner Seele GOtt, und dem Heil. Martyrer Alexandro, wie ,, er ſelbe auß ſeinem Erb-recht beſaſſe, mit dieſer Bedingniß, daß allein
,,daß

„daß beſte auß den beweglichen Gütern nach ihrem Tode dem Abbten, und
„den Brüdern beſagten Orts ſolle gegeben werden, daß übrige aber denen
„Erben verbleiben. Uber daß überlieſſe Er allen Zehenden, ſo Ihme Kö-
„niglichen Rechts wegen gebührete, und was auß dem Landſtrich Ilergew
„auß was immer für Schuldigkeiten, und Straffen gezogen wird ꝛc."

    Seine heilige Gemahlin beeiferte ſich nit minder, ewige Denckmale ih-
rer übergroſſen Milde uns zu hinterlaſſen. Sie vermehrte dahero die Einkünfften deß neu geſtiffteten Cloſters durch freywillige Abtrettung deß
Land-Gutes in Haldewanc gelegen mit deſſen Gräntzen, edel, und un-
edler Familie, ſo faſt auf hundert Höfe gerechnet wurde. Wir genoſſen
auch beede Unterpfand der höchſten Königlichen Gnade, biß daß das er-
ſte zwar nach 200. Jahren bey Erkauffung der Freyheit, wie wir in dem
2ten, und am Ende deß dritten Theils erweiſen werden, das Zweyte aber
erſt unter dem vorletzten Abbten Gordiano an das Hochfürſtliche Stifft
Kempten gegen andere Güter abgetretten worden. Obſchon wir nun
deß würdlichen Genuſſes ſo ungewohnter Gnaden-Bezeugungen beraubet ſind: wird uns doch jederzeit zu beſonderen Troſt, und Ehre gerei-
chen, daß unſer GOtteshauß gleichſam in ſeiner erſten Geburt mit den
reicheſten Schanckungen von jenen beehret worden, welche vormahlen der
gröſte Theil Europæ als ſeine Gebieter verehrte, der Himmel nachmalen
in die Zahl ſeiner Fürſten erhoben, und die Kirche annoch als mächtige Für-
bitter andächtig anruffet.

§. 4.
Von denen Schutz-Patronen.

UNſeren weiſeſten Stifftern erkleckte noch nit, daß ſie daß neue Cloſter durch Königlichen Schutz und Gnade befeſtiget: ſie ſuchten
vielmehr das angefangene Wercke durch die Fürbitt, und Verdienſte groſſer, und mächtiger Schutz-Geiſtern für allen Anfall ſicher zu ſtel-
len, und auf ein gewiſſe Art zu verewigen.

    Sie erwählten dahero zum erſten Patronen den Heil. Alexandrum,
einen auß den ſieben Söhnen der Heil. Felicitatis, welche die Römiſche Kirche den zehenden Julij feyerlich verehret, und die groſſe, und heilige Vätter wegen ihrer ſtandhafften Bekenntniſſe mit beſonderen Lob-Sprüchen
erheben. Dieſe Meynung wird genugſam auß der getreuen, und nunmehro tauſend-jährigen Ubergabe, wie auch auß den bewährteſten Schrifften erprobet. Wer immer in Ottobeyren durch dieſe zehen Jahrhundert
lebte, und ſchriebe, dieſem kame niemahlen in Sinn, daran zu zweiffeln.
Der Heil. Leib dieſes Heil. Blutzeugen wurde von Rom in unſer Vatterland überbracht, obwohlen die Unbilden der Zeiten das Jahr, und weiſe
der Uberſetzung umſtändlich zu erzählen verbieten. Wir mittheilen demnach allein jenes, was wir wunderwürdiges von ſelber in der A. 1511.
in Druck allhier beförderten Beſchreibung finden.

„Als der Biſchoff Gozbertus von Rom abgereiſet, truge er den Leib
„deß Heil. Alexandri mit beſonderer Ehrerbietigkeit. Die ihme begeg-
„nende Blinde erhielten das verlohrne Augen-Licht, die Krumme ihre
„vorige Geſundheit, ſehr viele böſe Geiſter wurden außgetrieben, und ge-
„ſchahen unzahlbare Zeichen. Wie ſie aber in der Stadt Luca angelan-
„get, kame entgegen eine Frau, von dem Blut-Fluß, alſo abgemattet,
„daß ſie kaum zu der Sarg deß Heiligen ſich näheren könnte. Aber kaum
„ware ſie ſo weit gelänget, daß ſie die Sarg zu berühren, und mit der
„Hand erreichen vermögete, ward ſie alſobald geſund, ſprungete von dem

„Ort, wo sie lage, freuden-voll auf, und truge die heylsame Bürde
„ohne Beschwerde. Sie legte gleich einen Schleyer, welchen wir insge-
„mein den Mantel deß Heil. Alexandri nennen, darauf, welcher jedoch nit
„so groß ware, daß dadurch die gantze Sarg bedecket wurde. Die Nacht
„hindurch lage sie vor dem heiligen Schatz, GOtt dancksagende, daß er
„ihr durch die Verdienste seines Dieners die vorige Gesundheit wieder ge-
„geben. Nach Aufgang der Sonne ware besagter Mantel so sehr ge-
„wachsen, daß er die gantze geheiligte Ruhestatt verhüllte, nit an-
„derst, als wann er eben zu diesem Ende wäre verfertiget worden. Als
„nun das unschätzbare Kleinod endlich allhier eingetroffen, und die Sarg
„aufgeschlossen worden, erfüllte ein so lieblicher Geruch die Kirche, und
„das häuffig herumstehende Volck, als wenn jeder das köstlichste Rauch-
„Wercke in Händen haltete. Worauf denn auch der damahlig, und ge-
„genwärtige Bischoff von Augspurg das Fest der Ubersetzung durch das
„gantze Gebiet zu feyern befohlen hat:" Welches auch noch zu unseren
Zeiten den 27. Novembris mit besonderer Andacht geschiehet.

3.
Und so ge-
nannten Man-
tel zugetragen.

„Es wurde allzu lang seyn," fahret der unbenannte Geschicht-Schrei-
„ber fort in der Rede von dem Mantel deß Heil. Alexandri, „wenn ich alle
„Gutthaten, welche der unüberwindliche Blut-Zeuge absonderlich denen
„an dem monatlichen Blutfluß leydenden Frauen erzeiget, beysetzen wollte.
„Denn es ist bekannt, daß viele, welche 12. oder wenigere Jahre mit diesem
„Beschwer- und gefährlichen Ubel behafftet waren, und ihr Gold umsonst
„auf die Aerzte verwendet hatten, so bald sie sich zu dem Heil. Martyrer
„durch ein Verlobnisse gewendet, und mit einer Gabe zu dessen Mantel ihr
„Zuflucht genohmen, gählich seyen Gesund worden. Gleiches Wunder
„erfahren auch Männer, welche dahin ihr Vertrauen setzen. Ubrigens
„welche mit grossen, und langwierigen Haupt-Schmertzen geplaget wer-
„den, wenn sie sich unter diesen heiligen Mantel verbergen, werden sie also-
„bald durch daß mächtige Fürwort deß Heil. Alexandri befreyet. Denen
„gebährend, und Gefahr leydenden Müttern absonderlich ertheilet selber
„offters augenscheinliche Hilff. Endlichen wird dieser grosse Schutz-Pa-
„tron mit grösten Nutzen zur Zeit der drohenden Ungewitter, und ungestim-
„me deß Lufts angeruffen; deßwegen die Burger der Städten Biberach,
„und Mindelhaim ein jährliches Opffer anhero bringen, damit durch die
„Fürbitt desselben, und anderer Heiligen, deren kostbare Gebeiner, und Uber-
„bleibsel in unserem löblichen GOtteshauß bewahret werden, ihre Früchten
„von dem Hagel, und Schauer verschonet bleiben." Wir schreiben alles
dieses mit desto grösserer Wahrscheinlichkeit, und besseren Grund dem
obbemelten Verfasser nach, der schon vor mehr als zweyhundert Jahren
solches ungescheuet geschrieben, weilen wir selbsten mit Augen fast täglich
den Zulauff deß andächtigen Volcks, und Adels sehen, und die offtere
Gnaden deß in seinen Heiligen wunder-würckenden GOttes bewunderen.

4.
Selbem wird
beygesellet der
Heil. Theodo-
rus.

Nach einiger Zeit wurde diesem grossen Schirmgeist ein anderer ebenfalls mit seinem Blut gepurpurter Martyrer Theodorus beygesellet, dessen
Gedächtnisse die Kirche den 9ten Novembris begehet. Alle Umschweiffe,
und Weitlauffigkeiten zu vermeiden, geben wir allein jenes, was kürzlich
hiervon P. Jacobus Molitor geschrieben hinterlassen. „Alexander unter-
„gienge in dem berühmtesten Orth deß Occident, in der fürnehmsten
„Stadt der Welt, zu Rom: Theodorus erhobe sich in Orient zu einer
„unsterblichen Glori, gleich einem auß eigenen Aschen, und Scheiter-
„bauffen wieder aufstehenden Sonnen-Vogel, nachdeme er zu Apamea die
„Götter, und deren Mutter in Aschen verkehret, den Tempel verbrennet,
„und

„und den Altären einen grossen Rauch anstatt deß Weyrauchs geopferet.
„Sein Vatterlande war Hellespont, sein Beschäfftigung die Kriegs-
„Dienst unter dem Kayser Maximiano, der Lohne die Marter-Cron, weilen
„er unter den Fahnen deß Kaysers überdas Christo dem Feinde der Göt-
„tern, mit der Hand, und Degen jenem, mit dem Mund und Hertze die-
„sem dienete. Denn er selben als den wahren GOtt, und Sohn GOt-
„tes zu Hauß, und in dem Feld predigte. Als ihme nun befohlen ward,
„den Götzen anstatt deß wahren GOttes Weyrauch anzuzünden, und zu
„opfferen, griffe er zu Nacht die Mutter der Götter an, und verbrennete
„dero Tempel. Da er nachhero gefraget wurde, mit was für grosser Ver-
„messenheit er sich erfrechet das Heiligthum der Götter zu verletzen, erwie-
„derte selber, er habe Feuer angeleget, Holtz, nit Götter zu verbrennen.
„Er wurde wegen der erweckten Brunst zum Feuer von dem Tyrannen
„verurtheilet, und eilete voll Freuden zu dem Scheiterhauffen, von
„dar aber in Himmel. Sein Heil. Leib (denn die Flamme scheuete sich so
„grossen Schatz der Nachwelt zu rauben) wurde nach Bischoffzell wenn, von
„wem, oder woher, ist uns unbewust, gebracht, und der halbe theil desselben
„von dort auß durch den Heil. Udalricum hieher übersetzet." Wer mehrer von diesen unüberwindlichen Bekennern zu wissen verlanget, lese Baro-
nium Tom. 2. Annal. ad A.C. 175. & 304. wie auch die Rede deß Heil. Gregorii Nysseni, welche er von dem Lob deß Heil. Theodori verfasset.

Diese vielvermögende Himmels-Burger verordnete uns die Fürsich-§. 5.
tigkeit unserer Gottseligsten Stifftern zu Schutz-Herrn. Durch deren Der Lob
Fürbitt gleichwie gewiß ist, daß diese grosse Verehrer zu einem besseren Leben der Stifftern
abgegangen; also sehen wir uns ausser stande, mit Sicherheit zu schreiben,
wenn und wo sie gestorben, oder wo ihre verehrens-würdige Gebeiner beygesetzet worden. Wahrscheinlich ist, schreibet P. Gallus Sandholzer, das
Sylachus, Ermiswint, Gozbertus, und Dagobertus in dem Buchauischen
Stifft, als ihrer eigenen Grafschafft die Ruhestatt bey ihren Vättern erhalten. Ein danckbares Ottobeyren verehret annoch derenselben werthe-
stes und ehrwürdigstes Andencken durch einen feyerlichst bald nach dem
Tage deß seligen Ableiben Totonis abzuhaltenden Jahrtage. Wird auch
dieses schuldigste Danck-Opfer niemahlen ein Ende haben, so lang der
Name Ottobeyren fürdauern, und ein Stein dieser ihrer Gottseligsten
Stifftung übrig seyn wird.

Zweyter Theil.
Von der Fortpflantzung durch weise Regierung der Abbten.

Glückselig sind jene Gemeinden, welche zu Beherrscher, und Vorsteher weise, gerechte, und friedsame Salomones haben. Sie wünschen nit unbillich, was die Böhmen einstens zu ihrer grossen Königin Libussa gesaget: wir begehreten nichts mehr von dir, wenn wir dich unsterblich seheten. Em. Thesaur. Allein weilen die Zeiten immerdar abwechselen, und auch die unschuldigsten Heerden niemahlen so sicher auf ihren Auen weiden, daß sie nit bißweilen von grimmigen Löwen, oder beutbegierigen Bären überfallen werden: so ist nothwendig, daß ein guter Hirt sich denen aufstossenden Gegnern mit unerschrockenen Muth entgegen setze, und anstatt deß Hirten-Stabs nach dem Beyspiel deß jungen Sohne Usai die Waffen ergreiffe. Ein feiger Miedling suchet als denn durch schüchtere Flucht die Sicherheit, und vergisset der anvertrauten Schaafen. Wir mittheilen nunmehro die Reihe unserer Vorstehern, und erfreuen uns, daß die mehreste derselben entweder ihr Amt in Ruhe mit grösster Klugheit verwaltet, oder bey sich ereignenden Gelegenheiten ihre Rechte mit heldenmüthiger Beständigkeit geschützet, und wir also allein zu beklagen, und zu bedauern haben, daß sie sterblich gewesen. Die Wohlthaten, mit welchen selbe die gantze Nachkommenschafft sich verbunden gemacht, geben wir in der uns fürgesetzten Kürtze; indeme selbe der Himmel, wie wir sicherlich hoffen, mit einer ewigen Cron längstens beschencket hat. Noch gesparsamer werden wir jene obschon tieffe Wunden berühren, welche uns der wenigeren Sorglosigkeit, oder auch die Umstände der Zeiten zugefüget haben. Wir theilen übrigens diese allzuweitläuffige Materie nach denen Jahren ein, und folget dahero

Das erste Jahrhundert.
Der I. Abbt.

1.
Der selige Toto wird Abbt.

Als Samuel denen Israeliten den ersten Monarchen vorgestellet, redete er die Versammlung also an: Ihr sehet fürwahr, daß keiner unter allem Volck jenem, den GOtt zum König erwählet, gleich seye. 1. Reg. 10. 24. Gleicher Worten, und zwar mit grösserem Recht, gebrauchen wir uns, da wir das Leben, und die Verdienste deß seligen Totonis, eines würdigsten Sohnes deß grossen Stiffters, und edelsten Zweigs seines preißwürdigsten Stammbaumes zu beschreiben anfangen, welchen die einmüthige Stimme der ersten Brüdern, von GOtt begeisteret, zur Abbteylichen Würde beruffen.

2.
Sein brillantes Leben und Regierung.

Diesem erkleckte nit, daß er all sein Vermögen dem Closter freygebigst geschencket, die ansehnlichste Freyheiten, Königliche Verehrungen, und höchste Gnaden zuwegen gebracht, und selbes überdas mit grossen Schätzen der

der Heil. Reliquien bereichert; sondern er beglückte Ottobeyren durch ein freywilliges Opfer seiner selbst, und wiedmete sich allda gäntzlich dem Göttlichen Dienst. Seine fürtresliche Tugenden überstiegen seine ansonst ungemeine Leibs Grösse. Dahero Ihnne so wohl alle einheimische aelteste Jahrbücher, als Fremde Geschichtschreiber den Namen eines Heiligen, oder Seligen einstimmig beylegen. Das Lob seines unschuldigsten Leben erbreitete sich aller Orten, und wird besonders in diesem grossen Vorsteher gerühmet, daß er scharff gegen sich, hingegen ein Lieb=voll, und sanfftmüthiger Vatter gegen andere, in dem Göttlichen Lob beständig, und eiferig, in zeitlichen Geschäfften behutsam, und vorsichtig gewesen, auch alles durch seine tieffe Einsicht also angeordnet habe, daß die Gesetze GOttes, und der Buchstaben der Heil. Regel genauist erfüllet wurden. Er erwiese sich einen weisen, und getreuen Verwalter deß Gotthauses, und gienge ein in die Freude seines HErrn, nachdeme Er seine glückseligste Regierung durch einen weit glückseligeren, und heiligen Tode beschlossen den 19. Novembris A. 817. in dem 50sten Jahre seines Alters, als er dem Closter 53. wenn wir von der Stifftung an zählen, oder 48. Jahre, wenn wir von der Bestättigung an rechnen, mit einem unsterblichen Ruhm vorgestanden, und genutzet hatte. Der erblaste Leichnam wurde in dem Langhauß der Kirche beygesetzet. Allein

3. Sein glückseliger Tode.

Weilen bey dem Grab sehr viele Wunder geschehen, wurde selber nach 346. Jahren von dem Abbten Isingrino in den Haupt, und ersten Altar deß Chors übersetzet, wie solches auß folgenden Worten unseres sehr alten Todtenbuchs erhellet:

4. Deßen erste/

A. 1163. TOTTO SEPELITUR, AC PRINCIPALE ALTARE DEDICATUR 9. Cal. April.

Alldorten verbliebe dieser heilige Schatz biß auf die Zeiten deß Abbten Leonardi verborgen, und unbekannt, biß ihne ein gählinger Zufall entdeckte. Denn schreiben P. Georgius Baumhawer, und P. Jacobus Molitor, als besagter Abbt den vorderen Theil deß Chors so, wie man anjetzo sehet, herstellete, und die alte Mauern sambt dem Hoh=Altar, so an dem H. Ort stunde, abbrechete, ergriffe einer auß den anwesenden Patribus das Eisen, womit die grosse Steine geweltzet wurden, und stossete auf den Boden, welcher alsobald zuruck wiche, und fallete das Sand in die unterhalb verborgene Höle. Durch dieses Zeichen kame man auf die Grube, und wurde der darinn verschlossene Stiffter gefunden. Die heilige Gebeiner lagen in einer 3. Schuh langen steinernen Sarg, so obenher mit einem anderen Stein bedecket ware. Die auf dem Rucken eingehauene Uberschrifft ware also verfasset:

5. Und zweyte Übersetzung.

NOTUM SIT CUNCTIS PRÆSENTIBUS, ATQUE FUTURIS, HIC TUMULATA PATRIÆ VENERANDI MEMBRA TOTONIS.

Leonardus erhebte das Heil. Kleinod, und setzte es denen übrigen verehrens würdigsten Reliquien bey in der allgemeinen Schatzkammer. Allein beraubte uns desselben die Wuth und Unsinnigkeit der aufrührischen Bauern, welche A. 1525. alles unter und über sich kehrete, und die kostbare Uberbleibsel unseres Gottseligsten Stiffters mit anderen vermischet, und zerstreuet hat, also daß selbe nit mehr von den übrigen kunten unterschieden werden.

6. Die H. Gebeiner sehen verlohren.

II.

Nach dem seligen Ableiben Totonis wurde zu einem würdigen Nachfolger, und zweyten Abbten erwählet Milo, ein der Clösterlichen Zucht höchst

1. Milo wird der zweyte Abbt.

höchst befliſſener, und wegen Tugend, und Adel fürtrefflicher Mann. Ludovicus der fromme Kayſer beſtättigte, und nahme denſelben zufolge dem Willen Carl deß Groſſen ſeines Herrn Vatters in ſeinen beſonderen Schutz auf. Gleichwie nun dieſer würdige Vorſteher mit eben ſo groſſen Tugend-Strahlen, als ſein Seliger Vorfahrer, leuchtete: alſo ſammelte er ſich Zeit ſeiner nit minder langwierigen, als glückſeligen Regierung eben ſo viele Schätze der Verdienſten, indeme er den Nutzen deß Cloſters, und die Ehre GOttes trefflich beförderte. Er beſchloſſe ſeinen Lebens-Lauff durch ein glorreiches Ende in einem hohen Alter in dem 864. Jahr der Gnade, und 47ſten ſeiner Abbteylichen Würde. Folglich haben diſe zwey helle Lichter Ottobeyren gantze hundert Jahre mit den Strahlen ihrer Heiligkeit beglücket, und wurden wir von ſelben noch vieles merckwürdiges beybringen, wenn nit uns die allzu entfernte Zeiten von ihrer Gröſſe mit Grund zu urtheilen verbieteten.

Das zweyte Jahrhundert.

III.

*N*Eodegarius, oder wie andere ſchreiben, Nitgarius, Nidegarius, ein Mann eines heiligſt, und unſchuldigſten Wandels erhielte den erledigten Hirtenſtab durch einſtimmige Wahl der Brüdern in dem Jahr 864. Allein er vertauſchete ſelben noch dieſes Jahr mit der Augſpurgiſchen Inful, und überlieſſe ſeinen Mit-Brüdern die völlige Freyheit einem anderen Nachfolger zu ernennen.

Er ſtunde dem Biſthum 4. Jahre mit höchſtem Lob, und Heiligkeit vor; erbauete wiederum die Kirche deß Heil. Magni in Füſſen, hinterlieſſe der Nachkommenſchafft ſehr viele merckwürdige Gutthaten: und verlieſſe endlich dieſes Jammerthal den 15. Aprilis A. 869. Sein heiliger Leib wurde in der Kirche der Heil. Afræ zu Augſpurg beygeſetzet mit dieſer Grabſchrifft:

BEATISSIMÆ. MEMORIÆ. REQUIESCIT. HIC.
NIDGARIUS. EPISCOPUS.
OMNES. LEGENTES. ORATE. UT. PIUS. DEUS. ILLI.
MISEREATUR.
OBIIT. BEATUS. DECIMA SEPTIMA. CALENDAR. MAIJ.

Von ihme ſchreibet M. Welſerus, daß, „obſchon ſein Lebens Geſchicht „längſtens verlohren gegangen, doch das Angedencken ſeiner Heiligkeit biß „auf die Nachkömmlinge gelanget, und deſſen Gebeinern die gebührende „Ehre erwieſen worden.

In der letzten Uberſetzung ſeiner heiligen Reliquien, welche erſt A. 1698. geſchehen, erſahe man mit erſtaunen, daß die Knie-beiner wegen Beſtändigkeit deß Gebethsgantz außgehölet wären. Solches wieſe unſerem Abbten Gordiano P. Magnus Schwartz allhieſiger Profeſs, welcher zu dieſer Feyerlichkeit mit koſtbarer Stickarbeit, als ein in dieſer Kunſt damahlen erfahrneſter Meiſter, den Heil. Leib gezieret. Daß fernere Lob dieſes Heil. Biſchofen, und Abbten haben Carolus Stengelius Rer. Auguſt. P. 1. C. 11. und P. Corbinianus Khamm P. Cathedr. C. 6. Claſ. 2. Sect. 4. beſchrieben; obwohlen ein Ubermaß, und Begriff aller Lobſprüchen iſt, ein heiliger, und glückſeliger Himmels-Burger ſeyn.

IV.

Es wurde gewiß für unſer GOtteshauß ein unaußſprechlicher Schmertze, und unwiederbringlicher Schade geweſen ſeyn, daß ſelbes ſich ſo geſchwind

schwind seines geliebten Bräutigam beraubet sehen muste, wenn er nit einen sich gantz gleichen Nachfolger hinterlassen hätte. Dieser ware der Selige Widgarius, oder wie andere bey Stengelio lesen, Wigger, oder Widogerus, in dessen Lebens-Beschreibung wir das gewise von dem ungewisen absönderen. Die Tugend und Wissenschafften bahnten jhme den Wege erstlich zur Abbteylich, und hernach zur Bischöflichen Würde. Dann er ware sehr gelehrt, beredt, und gegen jederman gar freundlich, über alles wegen Heiligkeit seines Leben bekannt. Als dahero das Augspurgische Bissthum sich verwaiset sahe, suchte selbes in Widgario einen Vatter. Allein seine Neigung ware allzu zart, als daß er vergessen kunte, daß er ein Sohn einer so liebwürdigen Mutter wäre. Deßwegen unterwarffe er der Bischöfflichen Würde seine Schultern, also, daß er die Sorge, und Namen eines Abbten nit von sich legete. Seine Riesen Kräfften erklekten auch diesem zweyfachen Last biß in das Grab; und wachsete der Ruff von seiner Heiligkeit jmmerdar an. Hemma die Gemahlin Ludovici deß Zweyten dadurch gereitzet, übermachte jhme die Gürtel der Seligsten Jungfrau und Mutter GOttes MARIÆ, auf welche mit seidenen Buchstaben folgende Verse eingewebet sind:

1. Der selige Widgarius wird Abbt, und Bischoff zugleich.

2. Bekommt zum Geschenck die Gürtel der allerseligsten Mutter GOttes.

HÁNC ZONAM REGINA POTENS SANCTISSIMA HEMMA
WITGARO TRIBUIT SANCTO SPIRAMINE PLENAM.

Vier Jahre vor seinem heiligen Hintritt vereinigte Er mit seinen übrigen schweren Arbeiten das Amt eines Apostels, und predigte denen annoch heydnischen Schweitzern, und Graubündtern, da er denn auch häuffige Früchten seines Schweiß sammelte, und den glorreichen Name eines Apostels selbiger Völckern verdienete. Wurde endlich von GOtt, den bestimmten Lohn zu empfangen, zur ewigen Cron beruffen den 17. Maij, und in besagten Land begraben. Massen, wie unser Chronik redet, diese Neubekehrte jhren ehrwürdigsten Hirten, und Lehrer nach dem Tode nit entlassen wollten, dessen honigflüssende Wort deß Leben sie begierigst vernommen hatten.

3. Prediget den Schweitzern das Evangelium, und stirbt seliglich.

Alles, was wir bißhero gemeldet, ist unstreitig, und kommen alle darinnen überein. Die Zeitrechnung und Bestimmung der Jahre deß Beruffs zum Bissthum, der Abreise in die Schweitz, deß verdienstvollen Hinscheiden theilet die Geschichtschreiber. Wir sind eben nit gesinnet, Schiedrichter abzugeben. Wir setzen also unsere Geschicht ungehindert fort.

V.

Byrtilo folgte dem Heil. Widgario in dem Amt eines Abbten. Er vermehrte den Adel seines Geschlechts durch das Lob einer absonderlichen Unschuld, und Demuth; und ward zu dieser Würde A. 902. durch anderer Stimme, und eigene Verdienste erhoben. Obschon er vieles wiedrige außzustehen hatte, ware doch seine Regierung glückseligst, und langwierig, indeme er das Closter 39. Jahr in der Forcht GOttes verwaltete: starbe folglich voll der Verdiensten, und Jahren A. 941.

1. Byrtilonis deß 4ten Abbten Lob,

2. und Tode.

VI.

Adalbero, ein Graf von Kyburg, und Enckel deß Heil. Udalrici erhielte die Abbteyliche Würde nit zwar durch rechtmäßige Wahl (massen er niemahlen ein Mönch gewesen) sondern durch Gunst, und Gnade Ottonis deß grossen Kaysers, welcher jhme die Abbtey als eine Belohnung seiner getreuen Dienste an anhalten besagten Heiligen Bischofen, der sein allzu zarte Neigung gegen diesen seinen Enckel kurtz vor seinem Heil. Tod selbst be-

1. Adalbero wird als Abbt erwehnt.

bekennet, und bereuet, hat übergeben. Denn weilen Adalbero mit besten Gemüthsgaben gezieret, und von einem sehr gelehrten Mönchen in unterschiedlichen Wissenschafften unterwiesen ware, schickte ihne sein Heil. Oheim an den Kayserlichen Hof, allwo er sich durch seinen unermübeten Fleiß und besondere in Geist, und weltlichen Geschäfften erwiesene Fähigkeit eine nit geringe Hochschätzung erwarbe.

2.
Unter seiner Regierung blühet die Clösterliche Zucht.

Ubrigens obschon dadurch die fürnehmste Rechten deß GOttshauses nit wenig gekräncket worden, ware doch ansonsten seine Regierung unserem GOttshauß nit nachtheilig. Denn damahlen die allhiesigen Brüder der Clösterlichen Zucht so beflissen, und in beobachtung der Heiligen OrdensGesetzen so genau gewesen, daß sie die Erde zwar mit dem guten Geruch ihrer Heiligkeit erfüllet, in dem Himmel aber die Anzahl der Seligen vermehret haben. Welches wir glaublich nach Adalberone der sorgfältigen Aufsicht deß Heil. Udalrici nebst anderen grossen Gnaden zu verdancken haben. Die Beweiß werden wir kurtz hernach beysetzen.

3.
Die Güter werden vermehret.

Und gleichwie die Forcht GOttes, und Beobachtung seiner Gebothen insgemein den Segen auch in dem Zeitlichen zuziehet: also wurden die Cl0ster-Güter zu eben dieser Zeit mercklich vermehret, indeme Hatto, von deme hernach ein mehreres solle gemeldet werden, die Kirchen in Beningen sambt anderen Meyerhöfen freygebigst dem GOttshauß schenckete.

4.
Sein Tode.

Es gedenckete zwar Adalbero den Abbteylichen Stab, mit der Bischöflichen Mütze nach dem Hintritt seines Heil. Oheims wieder zu vereinbaren: aber der unversehene Tode zernichtete dieses fürhaben, indeme ihme in der Nacht die Ader springete, und er also nach häuffig vergossenen Blut starbe auf dem Schloß zu Dillingen gleich nach den Oster-Fest-tägen A. C. 973. nachdeme er fast 32. Jahr regieret.

5.
Er wird in Augspurg begraben.

Sein Leichnam wurde nach Augspurg abgeführet, und in der Kirche der Heil. Afræ mit allen Ehren zur Erde bestattet neben jenem Ort, welches der Heil. Udalricus sich zur Ruhestatt außersehen hatte.

Das dritte Jahrhundert.
VII.

1.
Der Heil. Udalricus erhaltet für sich die Ottobeyrische Abbtey.

Kaum ware Adalbero zu einem besseren Leben abgegangen, als der Heil. Udalricus einen Gesandten an den Kayser abordnete, welcher Ihme den unzeitigen Todesfall besagtes seines Enckels berichten, zugleich auch, daß ihme die hierdurch erledigte Abbtey ertheilet wurde, anhalten sollte. Er suchte aber diese Würde nit auß zeitlicher Absicht, sondern allein dieser Ursach Willen, damit er denen allorten dem Allerhöchsten dienenden Mönchen den Freyheits-Brief, welchen er vorhero (A. 972.) geschrieben, und versiegelt für sie von dem Kayser erhalten hatte, übergeben könnte. Otto war auch nit zuwieder, sondern sagte dem H. Prälaten die Abbtey durch den bemeldeten Gesandten zu. Also Welserus in annotat. Berno Abbt zu Reichenau, so in dem 11ten Jahrhundert gelebet, stimmet mit dem vorigen überein, wenn er in dem Leben deß Heil. also schreibet: Defuncto Adalberone apud Episcopum in castro Dilingensi, ipse Episcopus inter alia misericordiæ opera, quæ pro requie animæ sui nepotis agebat, & Abbatiam, Uttenpura dictam, quam ille, dum viveret, in beneficium tenebat, sibi acquisivit, & tamdiu tenuit, quousque ipsius studio donata est libertatis privilegio. Auß welchen Zeugnissen Sonnen-klar ist, daß die Absicht, und das Ziel, welches den grossen Diener GOttes die Abbtey für sich zu suchen veranlasset, sehr rein und heilig gewesen.

Und

Und gewiß hätte sich Ottobeyren keinen fürtrefflicheren wünschen, noch einen fähigeren erwählen können. Denn er wuste gar wohl die Demuth, und andere Tugenden eines Ordens-Mann mit der Hoheit, und Würde eines Kirchen Prälaten zu vereinigen. Er legte den Grund hierzu als ein neunjähriger Knab in dem Stifft St. Gallen, einer schon damahlen berühmten Schul der Heiligkeit, und Wohnsitz der Clösterlichen Zucht: ja wurde entweder als ein zarter Jüngling, oder als ein zwey und achzigjähriger Greiß einen Ordens Geistlichen angezogen haben, wenn Ihne nit die von GOtt erleuchtete heilige Wiborada, und nachmahlen der Ingelheimische Kirchenrath davon abgehalten hätte. Das mehrere hievon schreibet P. Corbinianus Khamm l. sup. cit. Sect. 10.

Sein grosses Ansehen, welches ihme seine bekannte Heiligkeit bey dem grossen Ottone zuwegen gebracht, verwendete er zu dem Nutzen unseres GOttshauses, indeme er für dasselbe daß ansehnlichste Privilegium Exemptionis erhalten, von welchem die nähere, und weitläuffigere Erklärung am Ende diser Historie vorkommen wird.

Uber das stellte er das Recht der freyen Wahl eines Abbten zuruck. Massen er diesen Namen kaum einige Monath für sich behalten, als er freywillig denselben einem anderen übergeben. Den Verlauff der Sache lesen wir in seiner Lebens Beschreibung, so Wellerus verfasset c. 25. Der Heilige Bischof beruffte die Mönche von dem Closter Uttinbura genannt, nach dem Ort Utiuntiga (Oettingen) und sagte zu ihnen: Erwählet auß euch einen zum Abbten, der in dem Dienst GOttes nutzlich, und für euere Bedürfftnissen klug, und behutsam kan gefunden werden. Wenn ihr jenen erwählet, der mir dazu gefallet, wird ich ihme die Abbtey überlassen biß zur Gegenwart meines Herrn deß Kaysers: wenn ihr aber einen anderen erwählet, als der mir gefallet, so wird ich ihme selbe nit übergeben. Diese gaben zur Antwort: Deine Heiligkeit nenne jenen, welcher zur Wahl unserer Versammlung deiner Hertzlichkeit gefällig ist. Alsdenn erwiederte Er: Rudungum eueren Bruder wird ich hierzu ernennen. Als die Brüder dieses hörten, begehrten sie ein kurtze Zeit, biß sie sich miteinander unterredeten, ob diese Wahl mit Einstimmung aller Brüdern geschehen könnte. Da sie nun an dem bestimmten Ort sich wegen besagter Wahl berathschlageten, gefiele einigen diser Vorschlag, andere hingegen verwarffen denselben: Endlichen durch das Zureden der Freunden gestärcket, gehorsameten sie dem Willen deß Heil. Bischofes, und erwählten einmüthig Rudungum zum Abbten: kehrten sodenn mit diesem zuruck, und statteten von ihrer Einstimmung, und Wahl bericht ab. Nachdeme der Heilige Vorsteher dieses vernohmen, übergabe er die Abbtey durch darreichung deß Prälaten-Stabs dem ebengemeldten Rudungo, biß daß dieser sich selbsten dem Kayser Ottoni dem zweyten stellete, welcher zu selber Zeit auf dem Thron seinem Vatter gleichen Namens gefolget, und befahle den neu-erwählten seinen Enckeln, und anderen getreuen, daß sie selben Seiner Majestät vorstelleten, und die Bekräfftigung alles beschehenen zu betreiben sich mit einem Eyd verbündeten. Nach diesem kehrete der Heil. Udalricus in die Residentz seines Bisthums zuruck, und erwartete mit höchster Begierde den Tag seines Hinscheidens, von welchem er vorwuste, daß selber nit mehr weit entfernet wäre.

Noch mehr aber beförderte er die genaue Beobachtung der Heiligen Regeln. Nach dem Buchstaben deß alten Sprich-Worts werden starcke von starcken gezeuget: und wir können mit Wahrheit schreiben, daß der Heil. Udalricus mit Heiligen Ordens-Männern Ottobeyren erfüllet habe. Ein überzeugendes Beweißthum gebet hiervon der Selige Hatto,

6.
Solches er-
proben der se-
lige Hatto,

Dieser ware von edlen Geschlecht gebohren, schenckte, wie wir schon vorhero gemeldet, nit allein die Kirche in Beningen samt anderen Gütern,
sondern sich selbsten dem GOtteshauß, indeme er einen demüthigen
Mönche anzohe, ja sich auch von dem Heil. Bischofen in ein abgesönderte
Zelle einschlüssen liesse, um der Betrachtung Göttlicher Dingen freyer, und
ungehinderter abzuwarten. Er führte allda einige Zeit einen unstraffbaren Lebens-Wandel, biß das er von dem alten Feinde betrogen, einige Be-
sonderlichkeiten an sich zu ziehen anfienge. Deßwegen wurde er auß der
Zell verstossen, und genöthiget, unter anderen Brüdern zu leben: allwo er
endlich durch die Gnade deß Heil. Geistes so Gottselig, und heilig sich auf-
führte, das GOtt viele Zeichen durch selben zu würcken sich würdigte. Er
beschlüssete sein Leben durch ein heiliges Ende, und wurde in dem Chor deß
Heil. Michaëlis begraben. Der Heil. Udalricus schätzete jhne so hoch, daß
er kurtz vor seinem Tod dem Ehrwürdigen Mann etwas von seinen Kleidern überschickete. Der Selige Hatto hatte seine Zelle neben dem Altar
deß Heil. Ertz-Engels Michaëlis; unterhalb ware eine Grufft, und Altar der Heil. Ursulæ in dem gegen Mittag gelegenen Theil der Kirche.
In dieser, als einem freywilligen Kercker liesse sich der Heilige verschlüssen,
und brachte allda seine Täge in höchster Strengheit deß geistlichen Leben,
und Evangelischer Frommkeit zu. Die dem Cörper nothwendige Speiß
wurde jhne durch ein Fenster, oder enge Oefnung gereichet, von welcher er
wieder dem häuffig zulauffend, und jhne täglich besuchenden Volck die
Göttlichen Geheimnissen erkläcrete. Nach seinem seligen Tod wurde sein
Leichnam in besagtem Ort beygesetzet, nachmahlen wieder außgegraben,
und in einer steinernen Sarg offentlich außgesetzet.

7.
Und die selb-
ge Bernoldus,
und Bruno.

Nach Verlauff beyläuffig 200. Jahren wurden in eben selbe Sarg die
Gebeiner deß Seligen Bernoldi Priestern, und Mönchs unsers GOtts-
hauses, wie auch deß Seligen Brunonis eines Layenbruders, welcher ebenfahls, vielleicht nach dem Beyspiel Hattonis, wegen GOtt sich in ein Zelle
einschlüssen lassen, in abgesönderten Behaltnissen geleget, und die Namen
in bleyernen Blatten eingegraben. Allda ruheten selbe einige Jahrhundert
biß auf das Jahr 1553. in welchem der Abbt Casparus die baufällige Kirche theils erneueret, theils von dem Grund auf erbauet: da denn der
Chor deß Heil. Michaëlis abgebrochen, der Altar in der Grufft der Heil.
Ursulæ aufgehoben, und auf die andere Seite gegen Mitternacht zur Gedächtnisse der 11000. Jungfrauen gestellet wurde. Denen allda verborgenen Reliquien die gebührende Ehre zu erweisen, ist alles, was immer von
der Gesellschafft der Heil. Ursulæ übrig ware, in den Chor-Altar übersetzet worden. Die steinerne Sarg aber samt den Heil. drey Cörpern wurden in dem Capitel von besagten Abbten, und Brüdern nach vielem Gebeth
und Fasten mit geziemender Andacht begraben, und darüber ein Stein ge-
richtet. Die Gedächtnisse dieser grossen Dienern GOttes zu verewigen,
liesse der Abbt Gallus jhre Bildnissen, als A. 1587. das Capitel-Hauß erneueret worden, an der Wand abmahlen mit folgender Aufschrifft:

Sciendum, in hac qualicunque Ottenburensi domo post ejus Funda-
tionem a Sylacho Comite circa annum Domini 764. factam multos
præclaros viros & sanguinis nobilitate, & vitæ sanctimonia claruisse.
Ex quorum numero post Totonem Fundatoris filium, qui se, & omnia
sua bona huic monasterio tradidit, ut retinere posset S. Alexandri Mar-
tyris sacras Reliquias, & Rupertum Abbatem, quem cogitationes hominum divinitus cognovisse tradunt, non minimos fuisse existimamus Hat-
tonem, & Bernoldum Presbyteros, nec non Brunonem Monachos; quorum

rum primus, & ultimus adeo divinarum rerum meditationi dediti fuerunt, ut, ne ulla per sensuum evagationem ratione distraherentur, perpetuis se ergastulis includi voluerint, ac sic ab omni perturbatione semoti, liberius Deo vacarent, seque visitantibus documenta salutis traderent. Bernoldus vero, quia miraculis post mortem claruit, ab Episcopo Augustano Udalscalco Anno Domini 1189. singulari cum veneratione ex communi sepultura, quæ fuit extra templum juxta ingressum, in S. Michaëlis Chorum translatus est. Postea cum templum repararetur, horum trium ossa posteritas capitulari tumulo simul inclusa ex S. Michaëlis Choro transtulit Anno Christi 1553.

Durch diese und andere theils besondere, theils allgemeine Gutthaten machte sich der Heil. Bischoff und Abbt sein anvertrautes Ottobeyren verbunden: und ob er schon unserem Closter kaum einige Monath vorgestanden, werden doch gantze Jahrhundert unserer Danckbarkeit nit erklecken, Ihme ein würdiges Opfer abzustatten. Ja die übergrosse Neigung, so er gegen unser GOttshauß erzeiget, wird unsere Andacht jederzeit anfrischen, und unser Vertrauen auf seine Fürbitt stärcken: indeme, wie P. Elenbogius redet, „Er nun in dem Himmel zu erhalten vermögend ist, was er „durch seine Sorgfalt, da Er auf der Erde ware, uns zuwegen gebracht. Ubrigens begabe sich sein heiliger Tod wenige Wochen nach abgelegten Titul eines Abbten A. C. 973. den 4. Julij. als er das 83. seines Alters, und das 50ste Jahr seiner Bischöflichen Würde zählete.

8. Des H. Udalrici Hinscheiden.

VIII.

Rudungus, wie wir oben auß Welsero erzählet, ward von dem Heil. Udaltrico zum Nachfolger ernennet, und durch einstimmige Wahl der Brüdern zur Würde eines Abbten erhoben A. 973. Er wurde von Richwino, und Hupoldo Grafen von Kyburg auf Befehl deß Heil. Bischofen Kaiser Ottoni dem Zweyten (dessen Herr Vatter kurtz vorhero den 7ten Maij das Zeitliche mit dem ewigen Reich verwechselt hatte) vorgestellet, von diesem freundlich empfangen, und belehnet. Von den Tugenden dieses fürtrefflichsten Manns obwohlen wir nichts finden, ist doch kein Zweiffel, daß er nit mit allen erforderlichen Gaben gezieret gewesen: indeme ein sattsames Lob, ja gleichsam ein Begriff aller Lobsprüchen ist, von einem Heiligen hoch geachtet und zu Ehrenstuffen beförderet werden. Seinen Tod, und Begräbniße betreffend, ist uns dieses allein bekannt, daß er A. C. 1000. den Abbten Stab überlassen

1. Rudungus der 8te Abbt / 2. Wird von dem Kaiser belehnet.

IX.

Dancolpho seinem Nachfolger, welchem unsere Chronicken kein allzu grosses Lob beylegen. Denn, schreibet P. Gallus Sandholzer, seiner, und GOttes vergessen erwählte er zu einem Vogten Rupertum einen adelichen Herrn von Ursin, welcher wegen übler Verwaltung seines Amts also von GOtt gestrafft zu werden verdienet, daß er in ein Unsinnigkeit verfiele, und nach langen Schmertzen sein unglückseliges Leben endete. Dem verstorbenen Vatter folgte der frömmere Sohn Rheinhardus, welcher nit allein durch getreue Erfüllung seiner Pflicht um Ottobeyren sich höchstens verdient gemacht, sondern sich auch bey denen Kaysern, Hertzogen in Bayern, und Schwaben, und besonders bey denen Fürsten von Altorff, oder Guelphen, Bischofen von Augspurg, und Abbten von Kempten in grosses Ansehen gesetzet, von welchen er nach, und nach grosse, und viele Lehen erhalten.

1. Dancolphus erwählet Rupertum, und nach selbem Rheinhardum von Ursin zu Schutz-Herrn.

C　　　　　　　　　　　Ubri-

Übrigens hat uns besagter P. Sandholzer auß einer geschriebenen Schweitzer Historie folgendes von dem adelichen Hauß von Ursin hinterlassen. In dem Zürcher Gebiet sind einige sehr feste Schlösser, unter diesen ist jenes von Masaxen leicht das fürnehmste; diesem folgen die von Naranthen, Grunen, Wentegen, von dem Heil. Victore, und Monteschell, welches die Herrschafften Masaxen, und Bellenzen unterscheidet. Die von Masaxen stammen ab von denen Ursinis adelichen Römern, welche durch entstandene Zwistigkeit, und schweren Streitt zwischen jhnen, und denen von Columna um das Jahr Christi 150. auß der Stadt vertrieben worden. Diese, weilen sie sehr Reich waren, führten mit sich viele Säck mit Gold und Silber beladen, und wurden dahero von dem Einfältigen, und der Sprache unerfahrnen Volck Sacci, oder Saxi genennet. Nach der Zeit als sie wegen jhrer Macht, und grossen Schätzen bey den Adelichen in Teutschland bekannt worden, schlüffeten die von Bellmont, Flius, Werdenberg, Montalto, und Montfort mit jhnen Ehewerlobnissen, Schwagerschafften, und andere Freundschafft-Bündnissen, und also wurden sie nach und nach mit sehr vielen, und einträglichen Lehen von den Fürsten in Schwaben, und anderen mächtigen beschencket, wie man an diesem Rheinhardo unserem Vogten sehen kan.

2. Ursprung der adelichen Familie von Ursin.

Von Dancolpho finden wir nichts anderes, so merckwürdig wäre, als daß er nach einer 12. Jährigen Regierung A.C. 1012. den 2. Nov. das Leben sambt der Würde abgeleget.

3. Dancolphus verlasset diesses Zeitliche.

X.

Der Regierungs-Last wurde gleich nach seinem Hinscheiben Sigeberto aufgebürdet, welcher selben auch durch 16. Jahre biß A.C. 1028. getragen: von dessen Thaten nichts zu unserer Wissenschafft gelanget.

Der Abbt Sigebertus.

XI.

Eben so wenig können wir von Embrico seinem Nachfolger melden, welcher 22. Jahre regierte, und allein wegen seiner Gütig- und Klugheit gerühmet wird.

Embricus Abbt.

XII.

Von Eberhardo dem 12ten Abbten zeugen unsere Jahr-Bücher, daß er zu gleicher Zeit dreyen Clöstern, nämlich Ottobeyren, allwo er auch die feyerliche Gelübde abgeleget, Kempten, und Tegernsee vorgestanden, ein Mann eines scharffen Verstandes gewesen, welcher GOtt in Forcht diente, und sich mit Zittern erfreuete; und A.C. 1050. seye erwählet, nach 19. Jahren aber zur ewigen Freude beruffen worden. Allein können wir nit mit Stillschweigen umgehen, was uns auß dem Archiv des berühmten GOttes-Hauß Tegernsee den 22. Dec. 1715. mitgetheilet ist worden: Eberhardus (sind die Wort dieser Zeitrechnung) dieses Namen Zweyter, und der Ordnung nach 21ster Abbt, an Tugend, und Geschlecht fürtrefflich, ward von Jugend auf in Kempten erzogen, in den Wissenschafften sorgfältigst unterwiesen, und endlich denen 2. Abbteyen S. Magni in Füssen, und Ottobeyren vorgesetzet. Beede verliesse er hernach, und wurde Abbt bey S. Emmeram in Regensburg, von dar er endlich durch Henricum den Vierten mit grossem Nutzen deß Closters hieher ist übersetzet worden. Er regierte 23. Jahre, umgabe der erste das Closter mit einer Mauer, richtete von Grund auf die Kirchen in Gmundt, und Ehrenberg, wie auch andere sehr viele gebäude; kauffte den Hof in Finsingen, daß man jhme einen Jahr-Tag hielte; und entschlaffete in dem HErrn den 11. Maij A. C. 1091. Sein Leichnam wurde in mitte der Kirche begraben.

1. Eberhardus stehet mehreren Clöstern vor.
2. Urkunden von Tegernsee.

Das

Das vierdte Jahrhundert.

XIII.

Racelinus wird zum Nachfolger deß abtrettenden Eberhardi ernennet, ein Mann einer verwunderlichen Unschuld, und seltenen Demuth, welcher, nachdeme er dem Closter nach den Gesetzen GOttes, und deß Heil. Benedicti nutz- und löblich 13. Jahre vorgestanden, durch Sorgen, und Arbeit verzehret, das zeitliche mit dem ewigen verwechslet hat. A. C. 1082.

Racelinus Abbt.

XIV.

Gleiches Lob sind wir schuldig Gebhardo einem fürtrefflich, und überauß klugen Abbten, welcher durch seinen Tugend-vollen Wandel, und grosse Freygebigkeit sich viele Freunde gemachet, und dem Closter nit wenige Güter zugezohen. Denn Ethicho ein adelicher Herr überliesse dem Heil. Alexandro sein Landgut in Sanlgau; Sibotho aber schencete dem GottsHause seinen Hof in Kensinshausen. Allein von diesen ansehnlichen Verehrungen ist uns nichts, als daß Angedencken mehr übrig.

5. Gebhardus ein lobwürdiger Abbt.

Die Rechte verthädigte auch sehr nachdrucklich Rheinhardus unser damahliger Schutz-Herr wieder alle ungerechte, und vermessene Anfälle, und verwaltete sein Amt durch viele Jahr getreu, und sorgfältigst. Wir wissen dahero nit, ob wir Rheinhardo dem Vogten, oder dem preißwürdigen Vorsteher Gebhardo mehr verbunden seyen. Dieser gienge endlich den Wege alles Fleisches den 29ten Septembris: Das Jahr, und Ort der Begräbniß ist unbekannt.

2. Verfechtet mit Beyhülfe deß Vogtes die Rechte.

XV.

Adelhalmus, oder Adalbertus, welchen andere Gebhardo vorsetzen, ist unser Rechnung nach der fünffzehende Abbt. Seiner besonderen Gaben, und grossen Tugend wegen wurde ihme die Verwaltung folgender fünff Clöstern, nämlich Ottobeyren, Weingarten, Petershausen, Füssen, und Neresheim, aufgetragen. Er liesse das alte Closter niederreissen, fienge an ein neues zu erbauen, und nahme die den Ordens-Geistlichen gehörige Pfründten den Layen ab, welche diese ungerechter Weiß an sich gezohen hatten. Die verwirrte Zeiten hinderten ihne nit, daß er durch löblich neun-jährige Regierung nit ein ewiges Gedächtnisse bey den danckbaren Nachkömmlingen verdienete. Der Tag, an welchem er zur ewigen Ruhe abgegangen, war der 25ste Augusti; das Jahr aber ist unbewußt.

1. Adelhalmus stehet 5. Clöstern vor.

2. Leget den Grund zum neuen Gebäu.

XVI.

Den Glantz der bißherigen würdigsten Vorstehern verdunckelte Heinricus, ein junger Mann, und zohe dem Closter durch seine Verschwendungen nit geringen Schaden zu. GOtt foderte von selbem gleich nach einigen Monathen Rechenschafft den 18. Maij A. C. 1104.

Heinricus verschwenderischer Abbt.

XVII.

Auf diese kurtze Finsternissen folgte bald ein viel annehmlich, und helleres Licht. Denn Rupertus der Sohne Rheinhardi zufolge dem Versprechen, welches er seinem sterbenden Herrn Vattern gemachet, gleich nach dem Ableiben deß eben besagten Heinrici, in das in dem Schwartzwald gelegene Closter S. Georgij geeilet, den in allen Tugenden vollkommensten Mann Rupertum deß heiligen Abbten Theogeri vormahligen Jüngeren, nunmehro aber Priorem begehret, und für die erledigte Ottobeyrische Abbtey erhalten hat,

1. Der Sel. Rupertus wird zur Abbtey beruffen.

E 2

Obwohlen dieser Heil. Mann damahlen schon 80. Jahre seines Leben zählete, unterwarffe er doch seine Schultern dem schweren Last, und wurde den 7. Novembris A. 1104. feyerlich als Abbt mit den zu selben Zeiten gewöhnlichen Ceremonien eingesegnet.

Unsere alte Schrifften nennen jhne ein aufgehende Sonne, welche durch den Schimmer jhrer Heiligkeit alle Wolcken der vorher eingeschlichenen Fehlern vertrieben. Sein erstes Werck ware, daß er das Closter, zu welchem Adelhalmus den Grund geleget, in vollkommenen Stande gesetzet, mit gebührender Zierde, und Mahlerey geschmucket, und endlichen an dem Fest aller Heiligen durch die Hochwürdigsten Bischöfe Udalricum von Constantz, und Hermannum von Augspurg, welche er hierzu erbetten, hat einweyhen lassen.

Er beruffte hierauf mehrere der Clösterlichen Vollkommenheit beflissenste Männer, nahme der erste unedle, doch von ehrlichen Eltern abstammende Neuling auf: und suchte vor allem die zerfallene Closter-Zucht durch Einführung der Hirschauischen Reformation wieder herzustellen.

Durch den Ruff dieses heiligen Wandels wurden sehr viele Adeliche beweget, daß sie die ansehnliche Ritterhelme mit der demüthigen Mönchen Cucull verwechselten, und jene sich für ein Ehre schätzeten unter der Regel deß Heil. Benedicti dienen zu können, welche die Geburt anderen zu beherrschen gesetzet hatte. Unter diesen zählen wir Burchardum von Burchberg, samt dessen Sohne Rudolpho, Egilolphum von Riedin, Rheinhardum, und Eberhardum von Ursin leibliche Brüder, und würdigste Söhne unseres weisest, und Gottseligsten Vogten Ruperti.

Damit nun der heilige Abbt nichts, was zur Beförderung der Ehre GOttes gehörete, unterliesse, befahle er neben der Kirche, nahe bey S. Nicolai Capell ein neue Wohnung für edle, und der Vollkommenheit begierige Frauen zu erbauen, in welcher diese die Eitelkeit der Welt verachtende, dem allerhöchsten das gebührende Lob jederzeit absingeten, und in aller Demuth, und Heiligkeit dieneten. Wir lesen derenselben sehr viele in unseren aeltesten Todten-Büchernen, auß welchen nit wenige sich auß Liebe GOttes nach dem Beyspiel der Sel. Hattonis, und Brunonis haben in besondern Zellen einsperren lassen. Die fürnehmste waren Irmengardis eine Tochter Ruperti unseres schon offt belobten Schutz-Herrn, Helcha ein Tochter Ruperti von Murstetten, und Adelhaidis ein edle Frau von Sonthaim; auß welchen die letztere ein sehr strenges Leben biß an jhr Ende geführet hat.

Es ist sich dahero nit zu verwunderen, das, da so viele edle Personen sich selbsten GOtt zu opferen, gleichsam in die Wette stritteten, selbe auch das Vermögen deß Closters zu vermehren, oder vielmehr der damahligen Armuth abzuhelffen, jhre Güter freygebigst anhero geschencket haben. Also überliesse an dem Tag der obbesagten Einsegnung deß Closters Rupertus unser preißwürdigste Vogt seinen Weinberg, und Hof in Kortis samt der Capelle deß Heil. Georgij, in dem schönen Thal gelegen; wie auch einen zweyten Weinberg in Basilan, welchen Diemuot ein edle Frau samt anderen reichlich vermehret.

Merckwürdig scheinet uns, was wir von der Bekehrung Egilolphi, von deme wir oben n. 5. meldung gethan, in den alten Schrifften verzeichnet lesen. Dieser kunte samt seinen Brüdern Ulrico, und Heinrico nit verschmertzen, daß die Frömmigkeit Adelhaidis, dero wir n. 6. gedenckten, jhnen einige Höfe entzogen, und dem GOttshause geschencket. Entschlosse sich dahero diese von dem Seligen Abbten zuruckzubegehren, und verfolgte das Closter so lang, biß daß jhne ein gählinger Zufall auf bessere Gedandancken gebracht. Denn als einstens der unglückselige Egilolphus, weiß nit, auß was für einer Rachgier angetrieben, seine Feinde verfolgete, und in der Kirche zu Sonthaim ihre Zuflucht, und Sicherheit zu suchen nöthigte, scheuete er sich nit dieses heilige Ort durch menschliches Blut, und grausamen Todschlag zu entheiligen. Kurtz hernach kame ihne hierüber so grosse Reue an, daß er die weltliche Kleider außgezohen, in unser Closter sich verborgen, und nit allein die von Adelhaide gemachte Verehrungen bestättiget, sondern selbsten zwey erträgliche Höfe hinzugesetzet. Seinem heiligen Beyspiel folgte die Gottselige Mutter, welche die Zahl, und Güter der allhier versammelten Dienerinnen GOttes vermehrete.

Eben so wenig können wir verschweigen die höchste Gnade Lotharij deß Zweyten, welcher auf ansuchen deß Seligen Ruperti alle von Carolo, und Ottone den grossen Kaysern uns ertheilte Freyheiten, und Privilegien allermildest zu bestättigen geruhet hat.

9. Der Sel. Rupertus erhaltet die Bestättigung der Rechten.

Ubrigens hat der Allerhöchste die Verdienste seines getreuen Dieners durch verschiedene Wunder-Wercke verherrlichet. Es wäre zu wünschen, schreiben P. Gallus Sandholzer, P. Jacobus Molitor, und P. Albertus Krez, daß das von seinem Leben, und Wunderthaten verfassete Buch nebst anderen denckwürdigsten Schrifften die Unbilligkeit der Zeiten nit entzohen hätte. Ein einiges setzen wir bey auß dem geschriebenen Buch, so M. Welserus von Erfindung, und Ubersetzung der Reliquien deß Heil. Udalrici in Druck beförderet. In dem Flecken, Ottenbeyren genannt, ware zu Zeiten deß Seligen Ruperti Abbten ein besessener, welcher alle Ubertrettungen der Brüdern, so sich allda aufhielten, dem besagten Abbten auß einer verborgenen Anordnung GOttes offenbahrte. Denn dieser Prälat selbsten mit einer absonderlichen Macht den bösen Geistern gebietete. Dahero als sich bemeldter unglückseliger Mensch einstens viel ruhiger, und besser, als ansonsten, befindete, deß anderen Tages aber, wie vormahlen, gequälet wurde, fragte ihne der Selige Mann, wo er gestern gewesen wäre? Dieser antwortete: wir haben gestern in ein gegen Aufgang liegendes Land geeilet, um eine auß dem Leib außfahrende, und mit unzahlbaren Sünden beladene Seele zu erhaschen. Allein Udalricus der Augspurgische Bischoff, und Vitus der Lucanier (der Heil. Martyrer Vitus hat in Lucanien gelitten) welche die gantze Erde durchwanderen, und uns grosse Hindernisse in Uberraschung der Seelen machen, bedeckten auch diesen durch einen Ordens-Mann mit dem Mönchischen Kleid, und entzohen ihne unserem Gewalt. In unserem sehr alten Todten-Buch, welches glaublich wenige Jahre nach dem Tode deß Seligen Ruperti geschrieben worden, lesen wir auf den 15. Augusti: Obiit Piæ Memoriæ Abbas Rupertus Totius Loci Pater Egregius, Miraculorum Operator Insignis.

10. Würcket viele Wunder.

Endlich untergienge diese Sonne, oder wurde vielmehr in den Himmel übersetzet den besagten Tage deß 1145. Jahres, nachdeme sie durch gantze ihre Strahlen in unseren Gräntzen 41. auf der Erde in allem 121. Jahre erbreitet. Die Lebens-, und Regierungs-Täge hat ein uralter Poët in folgenden Versen außgedrucket:

11. Und stirbt.

   Bis duodena inter (tot erant mihi) lustra peregi
   Octo, annumque pij Præsulis officium.

Sein Leichnam, nit aber seine Tugend und Heiligkeit wurde in einen Stein eingeschlossen, indeme sich diese durch den Schall der Wunderen aller Orten außbreitete. Dahero gleich nach seinem seligen Ableiben so wohl das benachbarte, als weit entlegene Volck häuffig sich bey desselben Grab versammelt, und unzahlbare Opfer mit sich gebracht, auß welchen Iungrinus

12. Die herrliche Bezeugnussen von der Heiligkeit Ruperti deß Volcks;

der Abbt mit Beyhülff Salchonis damahligen Cuſtodis deß Grabs mit Kelchen, Teppichen, Glocken, Büchern, Gebäuden, und anderen nothwendigen Geräthe die Kirche gezieret.

Ja, da er noch lebte, ware der Ruff von ſeiner Heiligkeit ſo groß, daß fromme Pilgrame in ungemeiner Menge anhero eileten, und reiche Verehrungen dem Heil. Alexandro macheten; wie dieſes bezeuget die darauß verfertigte, und biß auf unſere Zeiten erhaltene Sarg, welche mit ſilbernen Blaten bedeckt, und mit den vergoldeten Bildniſſen deß Seligen Ruperti, und Sigebotonis allhieſigen Cuſtodis nebſt anderen gezieret iſt. Ein unbenannte Hand hat nachmahlen folgende Auffſchrifft beygeſetzet.

INC. D. M. C. XXX. IIII. XIIII. A. X. NOVEN. CYCLI. REGN. LVITHERO. REGE. TEMPORE. PIE. MEMORIE. RuPERTI. ABBATiS. ET SIGEBOTONIS. hVIVS. ECCLESIE. CVSTODIS. ISTVD. SARCOFAGVM. FACTVM. EST.

In dieſe Sarg verſchloſſe der Sel. Abbt die Leiber der Heiligen Alexandri, und Theodori, ſamt anderen Heil. Gebeinern, Vaticinans, wie uns die uralte Ubergabe belehret, per horum merita, & præſentiam ſacrum locum Divina viſitatione ſemper illuſtrandum.

13. s. der Kayſer
Gleiche Hochachtung von der Heiligkeit Ruperti bezeugete Fridericus I. Römiſcher Kayſer in der Beſtättigung unſerer Freyheiten, welche er A. 1171. gegeben. Wir ſetzen deſſelben merckwürdige Wort bey. Monachi ibidem Deo ſervientes a conſuetudine Hirſaugienſium, quam hactenus habuiſſe videntur, declinare non præſumant, ſed in propoſito Sancti Viri Ruperti Abbatis Divinis orationibus inſiſtendo vigilanter perſiſtere contendant. Gleiche Wort leſen wir in den Freyheits Brieffen der Kayſern Lotharij, und Friderici II.

14. J. Der Bl.hoffen.
Die länge der Zeiten ware nit vermögend, dieſe Meynung außzulöſchen, vielmehr wurde ſelbe durch zwey 125. Jahre nach deß Seligen Tod gegebene Hirten-Briefe zweyer Hochwürdigſten Kirchen Prälaten, Wernheri nämlichen Ertz-Biſchofen zu Maynz, und Hartmanni Biſchofen zu Augſpurg geſtärcket. Beede verdienen zu einem Zeugniſſe unſerer Danckbarkeit hier eingerücket zu werden:

Wernherus Dei Gratia Sanctæ Moguntinæ Sedis Epiſcopus, Sancti Imperij per Germaniam Archi-Cancellarius, omnibus Chriſti Fidelibus, ad quos præſentes venerint, ſalutem in Jeſu Chriſto.

Cum Divini nominis cultum, quantum in nobis eſt, pro ſedulitatis affectu intendamus ampliare, omnibus Chriſti Fidelibus, qui diei Tranſlationis corporis Beati Ruperti Abbatis in Uttenbüren Monaſterij Ord. Sancti Benedicti Auguſtenſis Diœceſis interfuerint, ibidem nomen Domini cum devotione invocantes, ac ipſi loco humanitatis opera impendentes, ſexaginta dies criminalium de injuncta ſibi pœnitentia miſericorditer relaxamus præſenti indulgentia, & die prædictæ Tranſlationis usque ad diem triceſimam, ac per octavas ipſius anniverſarij diei, perpetim valitura. Gratas etiam, & ratas indulgentias, quas Venerabiles Fratres Catholici Epiſcopi loco prædicto conceſſerunt, habemus. Datum Moguntiæ Anno Domini MCCLXX. XIV. Cal. Octobris.

Hart-

Hartmannus Dei Gratia Ecclesiæ Augustensis Episcopus universis Christi Fidelibus præsentem litteram inspecturis salutem in Jesu Christo.

Cum a laude Creatoris silere non debeat lingua carnis, humanæ conditionis affectus ad laudem sui Redemptoris tanto ferventius debet consulere, quanto suos in se, & se in suis Dominus delectatur devotius honorari. Nos igitur, qui cultum & honorem Divini Nominis, quantum in nobis est, intendimus ampliare, dilectis in Christo Abbati, & Conventui in Uttenbüren, ut Corpus Beati Ruperti Abbatis, cujus meritorum & famæ dulcis odor suavissimus longe, lateque per Dei gratiam est diffusus, ad locum sui Monasterij decentiorem, & magis Dei laudibus congruentem transferant, authoritate præsentium concedimus facultatem, ac omnibus Christi Fidelibus, qui ad diem Translationis Ejusdem, & ibidem nomen Domini cum devotione invocaverint ac ipsi loco pietatis opera impenderint, XL. dies criminalium, & unum annum venialium, & carrinam, ac annuale jejunium de injuncta sibi pœnitentia, peccata oblita, vota fracta, ut ad ea redeant, offensas patrum, & matrum sine enormi læsione, transgressiones fidei, & juramentorum absque capitalibus misericorditer relaxamus præsenti indulgentia, a die Translationis prædictæ usque ad diem tricesimam duratura. Et ut hujus Translationis memoria non silescat, ipsius anniversarium diem confisi in Domino duximus honorandum, universis, qui ipso anniversario die, & ex tunc per octo dies locum prædictum accesserint, XL. dies criminalium, de concessa nobis potestate a Domino, relaxantes hac indulgentia perpetim valitura. Gratas etiam, & ratas habemus in Diœcesi nostra indulgentias, quas venerabiles Fratres Catholici Episcopi loco prædicto duxerint concedendas. Datum Augustæ Anno Domini MCCLXX. VIII. Calend. Octobr.

15. Anmerckung P. Corbiniani über Bruschium, und Crusium.

Diesen Herrlichen, und vielen Zeugnissen setzen wir allein noch bey die Anmerckung deß hochgelehrten P. Corbiniani Khamm. „Bruschius, und „nach jhme Crusius beschuldigen den Gottseligsten Mann Salchonem, „welcher das Grab bewahrte, und die Wunder-wercke deß Seligen Ru„perti belobete, als wenn er schändlichen Gewinns und Wuchers wegen „denen Leuten vorgespiegelt hätte, daß der Heilige Vatter die Gedancken „seiner Ordens-Geistlichen eingesehen, und durchgedrungen habe. Al„lein Salcho ein Jünger deß Seligen Ruperti predigte nur, was er gese„hen, und gehöret hatte. Wenn besagte Geschicht-schreiber die offentli„che Briefe der höchsten Römischen Kaysern Lotharij II. Friderici I. „Barbarossæ, und Friderici II. gelesen hätten, wurden sie gewiß behutsa„mer in jhren Schrifften gewesen seyn; und wenn sie nit wegen dem Ruff „von der Heiligkeit deß Sel. Ruperti dem Salchoni verschoneten, wurden „sie wenigstens durch die der höchsten Majestät schuldige Ehrerbietigkeit „abgeschrecket werden, daß sie nit so verächtlich von dem Closter Ottobey„ren in einer Catholischen, und ehr-vollen Sache schreibeten. Biß hie„her belobter Geschicht-schreiber Hier. August. P. 3. p. m. 330.

16. Die erste

Nun wieder zu unserer Historie zu kehren, wurden die Reliquien deß Seligen Ruperti das erste mahl A. 1270. wie auß n. 14. zu ersehen, in Gegenwart einiger Bischöffen von dem Abbten Henrico von Breganz erhoben, und samt der steinernen Sarg sehr tief in die Erde begraben. Damit selbe allda sicherer ruheten, ist darüber ein anderes 3. Schuh tieffes Grabmahl errichtet worden, auß keiner anderen Ursach, schreibet P. Gallus Sandholzer, als damit denen Verletzern deß H. Grabs ein Blaues für die Augen gemachet wurde. Der erfolg erwiese, daß diese Fürsichtigkeit nit eitel gewesen. Denn A. 1525. erfrecheten sich die rebellische Unterthanen mit etner unerhörten Wuth das obere Grab zu erbrechen, und was darinnen verborgen liegete, nachzusuchen. Als sie nichts gefunden, hörten sie zwar auf weiter zu graben, legten aber an drey verschiedenen Orten Feuer an. Allein die Flamme scheuete sich die geheiligte Behaltnisse so grosser Schätze zu verzehren, und wurde durch ein augenscheinliches Wunder ohne zuthun einer menschlichen Hand gelöschet.

17. Zweyte Versetzung.

In dem 1554. Jahr den 25ten Martij setzete diesen Heil. Leib Abbt Casparus Kindelmann in beyseyn deß Convents, und zweyer Layen, nach vorhergehender Heil. Communion, und dreytägiger Fasten, unter dem Altar der Heil. Aposteln bey. Selber ware gezieret mit einer braun seidenen Flocken Kutten. An dem Rand deß Steins waren diese Wort eingehauen:

HIC EST RUPERTUS DOCTOR MAGNUS.

18. und dritte Versetzung.

Endlichen wurden die Reliquien dieses seligen Abbten A. 1711. den 26ten Julij mit grossen Gepräng übersetzet, welche Feyerlichkeit durch offentlichen Druck, und eigenes Werckgen der Nachwelt bekannt gemachet worden.

19. Wie vorgehen der Hintritt dieses sel. Abbten verkündet seye worden.

Zum Beschluß bemercken wir noch, was wir in einem alten geschriebenen Martyrologio, dessen sich die allhiesigen Closter Frauen gebrauchet, finden. Eodem die, lesen wir, apud Utenburam depositio beati Ruoperti patris nostri, & confessoris, qui annis ferme quinquaginta locum præfatum prudenter in Domino, ac viriliter gubernans, ætate plenus, meritis dignus, carnis materia solutus, gaudia sine fine mansura potitus est. Ad cujus sepulchrum ægri sanantur, claudi ambulant, cæci vident, surdis auditus redditur, debiles curantur, & usque in hodiernum diem Christo Jesu Domino nostro propiciante, gloriosa fiunt mirabilia. Mit diesen herrlichen Lob-Sprüchen wurde der Tag deß Seligen Ableiben dieses grossen Diener GOttes einstens verkündet: zu unseren Zeiten wird desselben Gedächtnisse durch ein feyerlich zu ehren der allerheiligsten Dreyfaltigkeit abgesungenes Amt den 14. Augusti Jährlich begangen.

XVIII.

1. Joannes Isingrinus wird Prior, und hernach Abbt.

Der Selige Rupertus hatte noch bey seinen Lebens-Zeiten Joannem Isingrinum, einen überauß frommen Ordens-Mann, auß dem berühmten Reichs-stifft S. Udalrici in Augspurg beruffen, hernach als Priorem ernennet, und sich desselben zur Beförderung der genauen Ordens-Zucht mit grossen Nutze gebrauchet. Seine ungemeine Tugend machte, daß ihne die Brüder durch ordentliche Wahl zu einem Vorsteher, und würdigen Nachfolger deß kurtz vorhero verstorbenen Seligen Ruperti erkieseten, von dessen Fußstapfen, und Beyspiel Er auch niemahlen abwiche, sondern das angefangene Wercke der Reformation biß an sein Ende fortsetzete. Dahero

2. Viele Abbten werden von Ottobeyren begehret.

Hatte damahlen Ottobeyren an Gottsförchtigen Männern eben so wenigen Mangel, als der Berg Libanus in hohen Ceder-Bäumern, von welchen nit wenige in andere GOttes-Häuser als Abbten begehret worden. Allein das berühmte Closter Mariæ-Berg in Tyrol regierten fünf Prälaten durch 37. Jahre in einer ununterbrochenen Reihe, welche allhier den Grund zu ihrem Tugend-vollen Leben geleget haben. Der erste ware Albertus, welcher als erster Abbt bemeldten GOttes-Hauses die Regierung A. 1144. angetretten, und durch seinen den 11. Januarij A. 1152. erfolgten Tode übergeben Macelino dem zweyten Abbten. Als auch dieser den 13. Januarij. 1158. in GOtt entschlaffen, wurde Swigerus von hier dahin beruffen, allwo er auch den 14. Decembris A.C. 1163. sein Leben geendet. Nach diesem folgte Gebhardus ebenfahls ein würdiges Mit-Glied allhiesigen

sigen Reichs Stiffts, und legte den Name und Würde nach 16. Jahren ab, indeme er A. 1179. zu einem besseren Leben übergangen. Endlich schlosse die Reihe Volgerus der fünffte Abbt, welcher aber vor seiner Einsegnung nach zweyjähriger Verwaltung zur Mutter Schoß zuruckkehrte A. 1181. Vielleicht sind auch um diese Zeiten noch andere in andere GOttes-Häuser berueffen worden: wenigstens lesen wir ihre Namen in den aeltesten Todten-Büchern, obwohlen uns nit bekannt ist, in welche Oerter selbe übersetzet worden. Wir geben ihre Name, und die Täge ihres Todes, so wie sie in besagten Urkunden verzeichnet sind: Adilbertus Abbas 11. Januarij, Waltherus Abbas 17. Martij, Ulricus Abbas 4. Aprilis. Adilbero Abbas 6. Aprilis. Adalbertus Abbas 16. Aprilis. Ratgo Abbas 9. Septembris, Fridericus Abbas 15. Septembris.

Bey der Abforderung so vieler Söhnen sahe sich doch die Mutter, Ottobeyren, mit vielen anderen gesegnet, indeme die Neulinge von allen Seiten zu Bekehrung anhero eileten. Unter disen werden gezählet Rudolphus, Adilbertus, und Luittfridus freye Herrn in Schwinoberg, andere unbenannte in Albigau, Bertholdus Grettinbrater, Wilmandus von Altstorf mit seiner Gemahlin, und Söhnen, Conradus von Rainstetten, Swigerus von Sunningen, Harindus von Roth, Witimarus von Rötimbach mit seiner Gemahlin, und 2. Töchtern.

3. Andere hingegen gehen in das Closter.

Der Geruch der Heiligkeit zohe nach sich frembde Freygebigkeit, und wurden zu diesen Zeiten die Closter-Güter durch andere Dörffer, und noch mehrere Höfe, so an dem Lech, in Albigau, und anderswo gelegen, ansehnlich vermehret. Wir halten für unnöthig, die Namen dieser Oertern hieher zu setzen, weilen die Zeit uns den Genuß aller dieser reichen Verehrungen längstens benohmen, und wir nit ohne Beschwerde die eigentliche lage derselben bestimmen wurden, indeme die Jahre fast alle Namen verænderet.

4. Gebe viele et zeigen sich freygebig gegen selbes.

Über das, schreibet P. Gallus Sandholzer, haben wir zu den Zeiten Friderici Barbarossæ deß Römischen Kaysers, und Isingrini deß Abbten viele so wohl Adeliche, als Bedienstete verzeichnet gefunden, welche wir von unserer Kirche, und auß der Hand bemeldeten Prälatens die Lehen empfangen gesehen. Unter diesen ware der fürnehmst, und reicheste Herr Welfo welcher zugleich König in Sardinien, Hertzog von Spolet, Marggraf in Tuscien, ein Geschlechter, Gemahl der Mathildis, der aeltere, und Oheim deß glorreichen Kaysers von dem gantzen Reich gennenet wurde. Item Gottfrid Graf, und Schirm-Herr der Ottobeyrischen Kirche, und Rupertus Graf sein Bruder. Er bringet hernach ein langes Register aller Lehen-Trägern bey, und schlüsset endlichen:

5. Noch mehrere empfangen Lehen von dem Abbten.

Nichts destoweniger bezahlen die belehnte, wessen Standes, und Geschlechts sie immer sind, jährlich den vorgeschriebenen Tribut. Auß welchem an dem grünen Donnerstage bey der Fußwaschung der Armen, welche von allen nach den Messen verrichtet wird, ein Theil besonders dazu verwendet zu werden pfleget: an besagtem Tage wenn die Innhaber den Zins nach vorhergegangener Foderung nit bringen, werden sie also bald der Lehen beraubet. Die Summe ist so groß, daß selbe an obgemeldten Fest der gantzen Versammlung erklecket, und davon drey Groschen eben so vielen Armen an allen Sonntägen können gereichet werden. Von dem übrigen wird uns besonders das Oel in der Fasten angeschaffet. Dieses habe ich, setzet P. Gallus letztlich hinzu, auß den geschriebenen Alterthümern Georgij von Werdenstein Augspurg, und Aichstädtischen Dom Capitularen abgeschrieben; welcher alles auß einem sehr alten Buch entlehnet.

6. Die Pflichten der belehnten.

G Wir

Wir wenden uns nun zu denen Großthaten Isingrini, und betrachten dieselben genauer. Die häuffige Wunder, welche täglich bey dem Grab deß Seligen Ruperti geschehen, zogen ein grosse Menge deß andächtigen Volcks hieher, Salcho ein allhiesiger Ordens-Geistlicher ward dahero von dem Abbten beordert, das ehrwürdige Grab zu besorgen, und die viele Opfer, und Geschencke zu sammlen. Auß diesen hat nachmalen der eiferige Vorsteher die Mauern, und Closter Gebäude wieder hergestellet, den Büchersale vermehret, und absonderlich die Kirche mit kostbaren Geschirr, Kleider, und Glocken gezieret.

Als Isingrinus in dem siebenden Jahr seiner Regierung A. C. 1152. mit dem Hochwürdigsten Bischoffen von Augspurg Conrado einem sehr Gottseligen Herrn nach Rom reisete, erkennete er auf dem Wege, das sein Closter durch ein gählinge Feuers-Brunst in die Aschen geleget worden. Denn als er bey dem Feuer in Welschland sich erwärmet, und den Stab deß Seligen Ruperti, dessen er sich auf der Reise gebrauchet, in der Hand haltet, siehe! da brechet dieser ab, und zerspringet in Stücke; welches der Abbt für ein Zeichen eines unglücklichen Zufalles alsobald gehalten, und nach seiner Ruckkehr erfahren hat, das unser Closter eben selbe Stund durch die Flammen verzehret worden, so geschehen den 20. Maij obigen Jahres.

Nach seiner Ankunfft in Rom erhielte Er von Eugenio III. damahligen höchsten Kirchen Haupt folgenden herzlichen Schutz-Briefe:

Eugenius Episcopus Servus Servorum Dei dilectis Filijs Isingrino Ottenburensi Abbati, ejusque Fratribus tam præsentibus, quam futuris regularem vitam professis in perpetuum.

Quoniam sine veræ cultu Religionis nec charitatis unitas potest subsistere, nec Deo gratum exhiberi servitium, expedit Apostolicæ Authoritati, Religiosas personas diligere, & earum loca pia protectione munire.

Ea propter, Dilecti in Domino Filij, vestris justis postulationibus clementer annuimus, & Ecclesiam BB. MM. Alexandri, & Theodori, in qua Divino mancipati estis obsequio, sub B. Petri, & nostra protectione suscipimus, & præsentis scripti patrocinio communimus, statuentes, ut, quascunque possessiones, quæcunque bona eadem Ecclesia inpræsentiarum juste, & canonice possidet, aut in futurum concessione Pontificum, liberalitate Regum, largitione Principum, oblatione fidelium, seu alijs justis modis Deo propitio poterit adipisci, firma vobis, vestrisque successoribus, & illibata permaneant. In quibus hæc proprijs duximus exprimenda vocabulis: Habenwang, Husen, Hemen, Bussningen, Berge, Rieden, Egg, Gynz, Wald, Atthenhusen, Sonthaim, Duriwang, Murstetten, Ecclesiam Behen, Walriß, Haldenwang, Berenwang, Wengen, Anger, Bruningen, Biltaberg, Lademotingen, Wihestain, Knaben, Kortes, Saulgau, Wolfartschwendi, & montem, qui dicitur Itelspurg, cum omnibus supra dictarum villarum, & ipsius montis pertinentijs, quem nec tibi, nec alicui Successorum tuorum liceat infeudare, inbeneficiare, aut aliquo modo alienare, seu castrum in eo, vel munitionem aliquam ædificare, aut ab aliquo ædificari permittere.

De laboribus, quos proprijs manibus, aut sumptibus colitis, sive de nutrimentis vestrorum animalium nullus a vobis decimas exigere præsumat. Obeunte vero te, nunc ejusdem loci Abbate, vel tuorum quolibet successorum, nullus ibi qualibet subreptione, astutia, vel violentia præponatur, nisi quem Fratres communiter consilijs sanioribus secundum Dei timorem, & S. Benedicti Regulam præviderint eligendum. Prohibemus autem, ut nullus Advocatus ponatur, nisi quem Abbas

ejus-

ejusdem loci cum consilio Fratrum elegerit. Electus vero si ultra jus suum, quod in privilegijs Imperatorum ei constitutum est, ausus fuerit manus extendere, nisi post Abbatis commonitionem ab ipsa præsumptione destiterit, secundum eorumdem Privilegiorum tenorem eadem administratione privetur.

Chrisma quoque, oleum sacrum, consecrationes Altarium, seu Basilicarum, ordinationes tam Abbatis, quam Monachorum, & qui ad SS. Ordines fuerint promovendi, a Diœcesano recipiantur Episcopo, siquidem Catholicus, id est, non Schismaticus, aut Simoniacus fuerit, & gratiam, atque communionem Apostolicæ Sedis habuerit, & ipse gratis absque pravitate vobis voluerit exhibere; alioquin liceat vobis Catholicum, quem malueritis, adire Antistitem, qui nimirum nostra fultus authoritate, quod postulatur, indulgere debet.

Decernimus ergo, ut nulli omnino hominum liceat præfatum Monasterium temere perturbare, aut ejus possessiones auferre, aut ablatas retinere, minuere, aut aliquibus vexationibus fatigare; sed omnia integre conserventur, eorum, pro quorum gubernatione, & sustentatione concessa sunt, usibus omnimodis profutura, Salva Sedis Apostolicæ authoritate, & Diœcesanorum Episcoporum Canonica justitia.

Si qua igitur in futurum Ecclesiastica, Secularisve persona hanc Nostræ Constitutionis paginam sciens, contra eam temere venire tentaverit, secundo, tertioque admonita, si non congrua satisfactione emendaverit, potestatis, honorisve sui dignitate careat, reamque se Divino judicio existere de perpetrata iniquitate cognoscat, & a SS. Corpore, & Sanguine Dei, & Dni Redemptoris nostri Jesu Christi aliena fiat, atque in extremo examine districtæ ultioni subjaceat. Cunctis autem eidem loco justa servantibus sit pax D. N. J. Christi, quatenus & hic fructum bonæ operationis obtineant, & apud districtum Judicem præmia æternæ pacis inveniant. Amen. Datum Albæ per manum Bossonis S. R. Ecclesiæ Scriptoris. VI. Kal. Decemb. Indict. XV. Incarn. Dom. MCLII. Pontif. Eugenij PP. III. Anno VIII.

Diese ist jene merckwürdige Bulle, durch welche alle Rechte, und Freyheiten von dem Päbstlichen Stuhl sind bestättiget worden. Wir haben allein dabey zu erinneren, daß der mehreste theil auß den darinn benannten Oertern von unserem GOttes-Hause abgesöndert seye worden, oder seine Namen geänderet habe.

10. Reise nach Cöln.

Isingrinus unternahme in dem Jahr 1167. eine andere Reise nach Cöln, und kehrete mit einem grossen Schatz der Heil. Reliquien wieder zuruck. Dann er brachte mit sich fünff gantze Cörper der H. Jungfrauen, und Martyrern Patraliæ, Julianæ, Albinæ, Ralbinæ, und Torpeiadech, samt dreyen halben Leibern der Heil. Balsadæ, Bobiliæ, und Caraniæ: das Haupt der Heil. Binosæ der führnehmsten nach der Heil. Ursula, in welchem das Hirn, die unverwesene Zung, und der eingestecke eiserne Pfeil heut noch nit ohne Verwunderung, und heiligen Schauer zu sehen ist: Uber das merckliche theile der Heil. Timaniæ, Sabariæ, und anderer, beren Namen der Erde entzogen, und allein in dem Himmel verzeichnet sind. Zu diesen kamen die Gebeiner der Heil. Banafredæ, Babiliæ, Eusemiæ, Anastasiæ, Samibariæ, Euphrosinæ, Sebarianæ, welche alle auß der glorreich und Jungfräulichen Geselschafft der Heil. Ursulæ gewesen. Diesen Schatz vermehrten die Reliquien der Heil. Bischofen, und Martyrern Gregorij, und Pontuli, der Heil. Blutzeugen Gereonis, Exuperij, Abundij, Clematij, Florentij, Malufij, und Picasij, wie auch einige Stücke von der Säul, an welcher Christus gegeiselt worden, von dem Grab deß Herrn, und von dem Rock deß Heil. Bischoffs und Beichtigers Nicolai. Diese kostbare Heiligthum langten allhier den 4ten Maij an, und wurden den 10ten Tage desselben Monats unter Begleitung der allhiesigen Ordens-Geistlichen, und Volck, wie auch einer häuffig versammelten Nachbarschafft mit aller feyerlich, und Ehrerbietigkeit in die Kirche übersetzet.

11.
Die Heil. Reliquien werden vertheilt.

Isingrinus vertheilte diesen höchst ansehnlichen Schatz in die nahe liegende Pfarr-Kirchen, mit dieser Bedingniß, daß diese alle Jahre zu ewigen Zeiten an dem Dienstag der Bethwoche ein Creutz anhero schicketen. Dahero auch jährlich an eben besagten Tage von 77. Oertern andächtige, und sehr zahlreiche Pilgrame sich allhier versammeln, biß daß das sechzehende Jahrhundert die Zahle biß auf fünffzig herabgesetzet hat. Noch zu unseren Zeiten wird das Angedencken dieser merckwürdigen Gutthat durch die Ankunfft deß frommen, und fast unzahlbaren Volcks jährlich erneueret.

12.
Nach dem tödt. Wernerj Grafen v. Schwabegg wird der Marggraf von Ronsperg Schirm-Herr.

Der grosse Rupertus hatte nach dem Gottseligen Hinscheiden Ruperti von Ursin den Grafen von Schwabegg Wernerum nachmaligen Stifftern deß Freyen Reichs-Stiffts Ursperg zum Schirm-Herrn, und Vogten erwählet. Als nun dieser nach löblichst verwalteten Amt das Zeitliche gesegnet, befahle Isingrinus das Closter dem Schutz deß Marggrafen von Rumsperg, oder Ronsperg, welcher sich aber mit einen getreuen Verfechter, sondern einen Feinde erwiese. Doch gienge er an dem Ende seines Leben in sich, und bereuete die zugefügte Schaden, also, daß er 2. Schwaigen in Seldon, so alle Jahre 600. Käse, bezahlen, und die Mühle in Reicherstried zur Genugthuung dem Closter vermachte.

13.
Isingrinus erholtet einen neuen Kayserl. Schutz-Brief.

Und damit in das künfftige ein jeweiliger Abbt desto weniger von den Vogten so wohl, als anderen Wiedersachern zu förchten hätte, liesse Isingrinus nit ab, biß er die Bekräfftigung aller Freyheiten, und Rechten von dem damahligen höchsten Oberhaupt deß Reichs Friderico I. A. 1171. erhielte. Wir werden diesen merckwürdigsten Gnaden-Brief an dem Ende mittheilen.

14.
desselben Ende.

Als nun dieser preißwürdige Abbt mehr, als 30. Jahre sehr weiß, und nutzlich dem Closter vorgestanden, wurde er zu letzt deß Gebrauchs der Sinnen beraubet, in welchem müheseligen Stande selber 2. Jahre zugebracht, da indessen die Kirche durch Gernoldum zu selber Zeit Priorem, und auferbaulichsten Wandel der Brüdern, welche in Beobachtung der Clösterlichen Satzungen sehr eiferig waren, löblich verwaltet wurde. Endlich nach, deme, wie einige wollen, Isingrinus wieder das Vernunfft-Licht erhalten, starbe er den 12. Decembris, A. 1180. in dem 35sten Jahre seiner Regierung: sein Gedächtnisse aber wird bey uns jederzeit unsterblich seyn.

Das fünffte Jahrhundert.
XIX.

1.
Bernoldus Abbt.

Je vieljährige Verdienste, und ergrauete Klugheit beförderten Bernoldum zur Abbteylichen Würde. Er ward gleich nach dem töblichen Hintritt Isingrini erwählet, und alsobald in die Kirche geführet, allwo er mit gewöhnlichen Gepränge eingesegnet worden, und hernach den Leichnam seines frommen Vorfahrers zur Erde mit allen Ehren bestattet hat.

2.
verfechtet die Rechten deß Closters.

Er stellete sich hierauf zu Ulm Friderico dem dazumahl glorreichist regierenden Kaiser, und begleitete denselben unter anderen Heinricus Graf von Ronsperg, und Schirm-Herr unseres GOttes-Hauses. Seine Majestät geruheten auch die Wahl gnädigst zu bestättigen, und, wie gewöhnlich,

lich, dem Neu-erwählten die Lehen zu ertheilen. Bey dieser Gelegenheit hat sich der Eifer dieses würdigsten Abbten für die Exemption seines Closters gewiesen, indeme er selbe mit einer unerschrockenen beständigkeit verthädiget, wie wir in dem dritten Theil sehen werden.

Nach seiner Ruckkehr ordnete er alles nach seiner angebohrnen Klugheit, und fienge an die Mauern, und Gebäude deß Closters, welche schadhafft waren, und den Umsturtz droheten, wieder herzustellen. Dahero wurden A. 1189. Udalscalcus selber Zeit würdigster Bischoff von Augspurg die Capelle deß Heil. Michaëlis den 9ten Aprilis, und die Grufft der Seligsten Jungfrau, und Mutter GOttes, welche eingefallen, nunmehr aber unter Auffsicht Alberti Custodis deß Grabs deß Sel. Ruperti neu erbauet ware, an dem Fest der Heil. Catharinæ feyerlich einzuweyhen, unterthänigst erbetten. Welches zweyfache Werck besagter grosse Kirchen Prälat nit allein mit besonderer Erbauung verrichtet, sondern auch die gnädigste Erlaubniß ertheilet, den Leib deß Sel. Bernoldi, welcher vorhero bey der Kirchen-Thür ruhete, wegen menge der Wundern in die Capelle deß Heil. Ertz-Engels zu übersetzen.

3. Erneueret die Closter Gebäude.

Was dem Cörper die Seele, eben dieses ist den Clöstern die genaue Beobachtung der Gebothen. Diese nun aufrecht zu erhalten, ware die meiste Beschäfftigung Bernoldi. Dahero auch unter seiner beglückten Regierung besonders Heinricus Probst, dessen Verdienste der folgende Abbt eines ewigen Jahr-Tags würdig geachtet, ein anderer Henricus zugenannt Mesiner, Gebehardus von Lichtenstein, Bertholdus Gunfil, und andere mehrere wegen ihrer Gottseligkeit in unserem Jahr-Büchern gerühmet werden.

4. Sorget für die innerliche Zierde.

Gleichwie aber die Sterne an Klarheit, und Schimmer unterschieden sind: also bemercken wir auch in denen best geordneten Clöstern, daß einige vor anderen Einwohnern durch ihren Tugend-Glantz sich hervorthun. Und eben dieses mag die Ursach gewesen seyn, warum die weiseste, und frömmeste Stiffter deß uns benachbarten, und engist verbrüderten Reichs GOttes-Hauses Irise Cunonem von hier dahin zum ersten Abbten A. 1185. beruffen haben, allwo auch dieses Licht den 6ten Martij A.C. 1188. untergangen.

5. Cuno wird der erste Abbt in Irse.

Heinricus Marggraf von Ronsperg, und Stiffter eben bemeldten Reichs GOttes-Hauses übernahme das Amt eines Vogten, oder Schirm-Herrn, nachdeme Sein Herr Vatter Gotefridus dieses Zeitliche verlassen, und in unserem Capitul mit seiner Gemahlin, und anderen Anverwandten die Grabstatt den 20. Maij A. 1187. gefunden. Dieser erfüllte nit allein sorgfältigst seine Pflicht, sondern beschenckte das Closter reichlich. Als er mit Heinrico dem Kayser in Apulien ziehete, befahle er die Sorg seines geliebten Otto beyren seinen Vasallen, deren Rath auch Conradus der Nachfolger Bernoldi in gerichtlicher Zurucksoderung eines grossen Meyerhofes gebrauchet hat. Der fromme Schutz-Herr selbst wurde in Apulien mit einer gählingen Kranckheit überfallen, verschaffete den Brüdern einen goldenen Becher, damit darauß ein Kelch zum Gebrauch deß Altars gemachet wurde, und starbe seliglich in dem Jahr 1194.

6. Die zeitliche Güter wachsen durch sorgfältige Verwaltung der Vogten.

Zu diesen Zeiten wurden überbas viele Verehrungen von denen Marggrafen, Grafen, Frey-Herrn, Adelichen unserem Closter gemachet. Die Freygebigkeit der Guelphen verdienet ein besonderes, und danckbarestes Angedencken. Massen sich diese mächtige Herrn durch grosse Gnaden um uns höchstens verdient gemacht haben, wie dieses erweisen die in Ingolstadt gedruckte Chronick, und die sehr alte geschriebene, und in den Clöstern Weingarten, und S. Udalrici in Augspurg verwahrte Geschlecht-

7. und Freygebigkeit anderer Guttthätern, besonders der Guelphen.

Bücher der Fürsten Welffen. Was uns zu Gunsten unseres GOttes-Hauses von dahero ist mitgetheilet worden, lautet von Wort zu Wort also:

Domum quoque suam (Guelfi) regio more ordinaverunt, ita, ut quæque officia Curiæ, & ministeria Dapiferi, Pincernæ, Marschallci, Camerarij, Signiferi, per Comites etiam eis æquipollentes regerentur. Divitijs, & honoribus Regibus præstantiores, ipsi quoque Romanorum Imperatoris dominium ferre recusabant, & viribus proprijs confisi, omnes terminos suos in magna industria, & fortitudine defenderunt. Præfecerunt etiam familiæ suæ tam majori, quam minori unum de Majoribus Curiæ, quem vocabant Advocatum, qui vice sua pro omnibus staret coram Regibus, seu Ducibus, vel alijs judicibus, & in quacunque causa, vel querimonia pro eis responderet. Habebant & aliud Insigne, quasi sub privilegio, ut proscriptos quoscunque, ad se si confugerent, reciperent, & usque ad excusationem, vel condignam satisfactionem, sine sanguinis tamen effusione conservarent. Quæ omnia ad honorem verum Curiæ pertinentia, a Successoribus etiam adhuc inimmutata consistunt. Ecclesias *Regales* scilicet Constantiensem, Augustensem, Frisinum, Curiensem, Campidonensem, Uttenburensem magnis prædijs, & magna familia ditaverunt; quasdam vero ex integro a primo fundamento, quæ adhuc ad suos Successores spectant, honorifice construxerunt. Bißhero besagte geschriebene Alterthümer, mit welchen Crusius übereinstimmet P. 2. l. 1. C. 16.

6.
Bernoldus resignirtet.

Endlichen legte Bernoldus nach 14. Jähriger löblichster Regierung A. C. 1194. die Bürde von sich, und suchte allein in der Einsamkeit sich zu einem glückseligen Tode durch ununterbrochene Andachts-Ubungen vorzubereiten, weilen ohnedem die abnehmende Kräfften, und Sinnen ihme eine kurtze Lebens-Frist mehr versprachen. Wenn, und wo er gestorben, haben wir keine sichere, und ungezweifelte Urkunden.

XX.

1.
Der Seelige Conradus übernimmt die Regierung.

Als der Last der Regierung denen durch das Alter geschwächten Kräfften Bernoldi zu schwer geworden, muste demselben seine schultern unterwerffen Conradus, von deme wir mit aller Wahrheit sagen können, daß er als ein frischer, und munterer Hercules einen ermüdeten Atlantem abgelöset. Er hatte als Prior sich durch seinen klugen Umgang, und heiligen Wandel aller Liebe, und Verehrung zugezohen, und verdienete dahero, daß er von den damahligen Brüdern zwar durch einhellige Wahl zu einem Abbten erwählet, von denen Nachkömmlingen aber als ein Seliger jederzeit geehret wurde, wie wir solches am Ende seiner Lebens-Beschreibung erweisen.

2.
Erndet grossen Mangel an Geld;

Es scheinet, GOtt habe die erhabene Tugend seines Dieners durch die Trangsalen, wie das Gold durch das Feuer prüffen wollen. Massen er Zeit seiner langwierigen Regierung sehr viele, und grosse Widerwärtigkeiten außzustehen hatte. Gleich bey dem Antritt zeigte ein so ausserordentlicher Geld-Mangel, das, als er nach einer beschwerlichen Reise, und Verweilung von Henrico dem 6ten zu Regensburg A. 1194 belehnet, und in der Ruckkehr von dem schon belobten Bischoffen Udalscalco eingesegnet worden, er, die nothwendige Unkösten, und Außgaben zu bestreiten, das kostbare Denckmale Henrici deß Gottseligen Schutz-Herrn um 24. Pfund Regensburger Müntz zu verkauffen genöthiget wurde.

Das

Das Übel wurde durch den überauß schlechten Zustand der baufälligen Closter-Gebäuden, welche endlichen gar eingestürtzet sind, gemehret: doch waren selbe nit so mächtig, daß die unglaubliche Großmuth Conradi dadurch nieder geschlagen wurde. Vielmehr voll deß Vertrauen auf GOtt, entschloße er sich gleich die erste Jahr seiner Regierung, das Hauß GOttes in einen besseren Stande zu setzen.

3. Was dennoch das Closter sern erhawen.

Nit ohne besondere Anordnung deß fürsichtigen Himmels beehrte Ottobeyren mit seiner Gegenwart Otto Bischoff von Freisingen eben zu jener Zeit, da der Grund-Stein zur neuen Kirche sollte geleget werden, welches denn dieser Kirchen-Prälat mit hertzlichsten Wünschen, und gröster Andacht verrichtet. Nachdeme nun die Kirche binnen 10. Jahren, durch die Sorgfalt deß Abbtens, und Beyhülffe der Brüdern in vollkommenen Stande gesetzet worden, geschahe die feyerliche Einweyhung in Gegenwart vieler Abbten, Pröbsten, Grafen, der Geistlichkeit, und grossen menge Volcks den 28. Septembris A. C. 1204 durch eben besagten würdigsten Bischoffen, weilen Hartwicus zu Augspurg zwar erwählet, die Bischöffliche Salbung aber noch nit empfangen hatte, wie wir auß folgender, und hierzu eigens verfertigten Denckschrifft belehret werden:

4. Otto Bischoff von Freisingen leget den ersten Stein / und seegnet das neue Closter ein /

Anno Incarnationis Dni MCCIIII. cum regnaret inclytus, & gloriosus Romanorum Rex Philippus, Celsitudinem Sedis Apostolicæ gubernante Beato, & Catholico Patre Innocentio, Præsulatum vero Augustensis Ecclesiæ Dno Hartwico nuper electo, sed nondum unctione Sacerdotalis, seu Pontificalis gloriæ sanctificato, sub devoto famulo Jesu Christi Filij Dei Konrado Venerabili Abbate Ottenburrensis Ecclesiæ, gratia Omnipotentis, Sapientis, ac Boni Spiritus Sancti in ipso, & per ipsum mirabiliter disponente, dedicatum est Monasterium nominati, & nominabilis Cœnobij Ottenburrensis a Venerando Præsule Frisingensis Ecclesiæ Ottone, in honore præclarissimorum Martyrum Alexandri, & Theodori, in die, quæ præcedit diem festum Archangeli Michaëlis Principis Angelicæ Sublimitatis, præsente Abbatum, Præpositorum, Comitum, Cleri, ac populi multitudine copiosa.

An dem Fest-Tage der Heil. Engel wurde die Einweyhung der Grufft, und deß allda stehenden Altars zu Ehren deß Heiligen, und Jungfräulichen Heers der Heil. Ursulæ, und ihrer Gesellinen vorgenommen. Dieser folgten die übrige Altär; deren der erste in dem gegen Abend liegenden Chor deß Heil. Ertz-Engel Michaëlis, und der übrigen himmlischen Mächte, der zweyte der Ehre deß Heilig, und lebendig machenden Creutzes, der britte dem geliebten Jünger Jesu Heil. Joanni Evangelistæ, wie auch dem Heil. Apostel Mathiæ auf der nördlichen Seite gewiedmet ware.

5. und den folgenden Tag die übrige Altär.

Dieses GOtt gefällige Wercke unterstützeten durch ihre Freygebigkeit verschiedene ansehnliche Gutthäter, welche durch freywillige Verehrung nit geringer Geld-Summen der damahligen Armuth trefflich steuerten. Wird bahero auch ihr Gedächtniß bey uns desto billicher unsterblich seyn, je grösser die Noth zu selben Zeiten gewesen. Massen zu denen n. 2. & 3. benannten Ubeln eine fünf-jährige harte Theuerung, und Hungers-Noth samt einem übergrossen Schulden-Last stossete, also, daß das Closter wegen Abgang aller Sachen gäntzlich zerfallen wäre, wenn nit die Göttliche Güte, und Menschliche Frömmigkeit selbes gerettet hätte.

6. Einige Guttthäter helffen der Armuth deß Closters;

Allein da sich auf einer Seite das Ungewitter zu verziehen schiene, drohten schon auf der anderen noch mehrere, und gefährlichere Wolcken.

7. welches doch durch die Vogten / nämlich Gottfridum,

Gott-

Gottfridus der Sohne Henrici Marggrafen von Ronsperg, dessen wir schon öffters gedacht, ererbte den Name eines Vogten, nit die Vätterliche Gottesfurcht. Denn er unsere Unterthanen durch harte Bedruckungen, und ungerechte Erpressungen sehr hergenohmen. Und obschon er durch ein unvorsehene Kranckheit überfallen, seine Fehler bereuete, auch für das Heyl seiner Seele, und Genugthuung deß zugefügten Schaden 2. Höfe in Vrsingin, und zwey Theile deß alldortigen Walds verschaffete; ja auch dessen Bruder

8.
und Berthol-
dum Marg-
grafen von
Ronsperg/

Bertholdus nit allein diese letzte Willens Meynung bekräfftigte, sondern auch durch 4. Jahre das anvertrauete Amt starckmüthig verwaltete, muste doch Conradus einen harten Donnerkeil fühlen. Denn weilen Bertholdus, eben da er mit dem abgesetzten, und mit dem Kirchen-Bann von Innocentio III. Römischen Pabsten belegten Kaiser in Sachsen zu ziehen gedenckete, an dem Rhein gestorben, und in beysenn deß Grafen von Tübingin, und einer grossen Anzahl der Soldaten unter vieler, und grosser Trauer in allhiesigen Capitel-Hauß begraben worden; wurde desswegen über das Closter von dem Ertz-Bischoffen zu Maynz jene Kirchen-Strafe gefället, durch welche der Gebrauch deß GOttes-Dienstes, einiger Sacramenten, und Geistlicher Begräbniß untersaget wird. Doch erhielte der fromme Abbt die Loßsprechung durch Vermittelung der gantzen Clerisey, und deß Adels in Alemanien, welche ihme das Zeugnisse eines untadelhafften Lebens gaben.

9.
besonders
durch Gottfri-
dum Grafen
von Marstet-
tin/

Da nun nach dem Tode Bertholdi deß Marggrafen das Vogten-Amt erlediget ware, erhielte endlich selbes Gottefridus von Marstettin durch Abtrettung seines Land-Guts in Helchinriebt, und viele gemachte Versprechen. Weilen er aber denen übernohmenen Pflichten nachleben noch wollte, noch kunte, wurde er nach vielen durch 5. Jahre dem Closter zugefügten Schaden genöthiget, zu seiner Schande besagtes Schirmrecht an Fridericum den Kaiser um 900. Marck zu verkauffen: in welches der Gottselige Abbt gar gern williget wegen den grossen, und vielen Bedrangnissen, welche seine Feigheit dem Gotts-Hause zuzoge, und ihme zum Uberfluß das oben benannte Land-Gut zuruc gabe.

10.
und andere
sehr vielen
anfeinsdehrn
hatte.

Diese Verlassenheit, und Bedrangniß schärffte auch die Klauen anderer Raub-Vögel, welche ungescheuet die Closter-Güter an sich reisseten. Ein unlaugbares Zeugniß dessen gebet der Gnaden-Brief Sifridi, oder, wie andere wollen, Sigefridi würdigsten Bischoffen zu Augspurg, wovon wir nur den Anfang kürtze halber geben.

In Nomine Patris, & Filij, & Spiritus S. Amen.
Sifridus Dei Gratia Augustensis Ecclesiæ Episcopus.

Debitum pastoralis officij nos prosequi, & ad vitam æternam ædificare non ambigimus, quoties Ecclesijs a Deo nobis commissis proficere satagimus, promovendo eas in his, quæ ad honorem earum pertinent, sive profectum. Hujus itaque rei gratia notum fieri volumus universa tam futuris, quam præsentibus Christi fidelibus, quod considerata devotione, qua Venerabilis in Christo Frater noster Abbas, & Coventus Utinbürensis Monasterij semper Nobis, & Ecclesiæ nostræ subditi, & obnoxij tenebantur, præsertim quoniam idem Monasterium hactenus religione, honestate, pariterque copia rerum præditum, & præclarum, sed nunc propter rapinas, & alias Laicorum violentias, quibus insolescunt Laici contra Clerum, maxime propter extorsiones, & indebita servitia, quæ comprehendi nequeunt, Advocatorum, præcipue quo locus ille nuper miserabiliter crematus fuit incendio casuali,

&

& quæ semper ibidem exuberabat, hospitalitatis affluentia, ad maximas redactum penurias, in eum devenerit statum, ut Fratres ejusdem loci propter nimiam inopiam mendicare contingeret, nisi ab alijs claustris exhiberentur subsidia. His & alijs motivis subnixi, rationibus, & causis, ad instantem, & devotam petitionem prædicti Abbatis, & Conventus de consilio, & consensu Dominorum nostrorum Majoris Capituli Augustensis, ad meliorationem præbendarum, & augmentum Divini cultus, & obsequij memoratis Dominis, & successoribus eorum in perpetuum utramque administrationem temporalem, & spiritualem Parochialis Ecclesiæ Uttinbürensis.... authoritate Pontificali liberaliter donamus, & concedimus &c.

11. Auß diesem gnädigsten Schreiben erhellet, daß das Closter durch ein gählinges Feuer gäntzlich eingeäschert, und also in elenbesten Stand der äussersten Armuth gesetzet worden. Solches geschahe den 26. Martij A.C. 1217. Dieses traurige Schicksale wäre in Wahrheit beweinens-würdigst, indeme die Mauern sich kaum vor 13. Jahren auß jhrem Schutt erhoben hatten, nunmehr aber widerum samt 2. Ordens-Geistlichen und den grösseren Theil deß Marcktflecken in einen weit armseligeren Aschenhauffen verkehret wurden.

Das Closter brennet das zweytemal ab.

12. Das zarte Vatter Hertze Conradi wurde mit einer unermessenen Betrübniß befallen. Und weilen er kein Mittel sahe, sein darnieder liegendes Gottes-Hauß wieder aufzurichten; so wendete er sich zu obberührten Hochwürdigsten, und gegen Ottobeyren besonders gnädigen Bischofen, und bittete unterthänigst um die Einverleibung allhiesiger Pfarrey, welche dieser nit alleiu in dem n. 10. angeführten, und den 30. Maij A. 1220. gegebenen Gnaden-Briefe mildest zusagte, sondern auch die 2. Brüder, welche nach Rom, die Bestättigungs-Bulle zu erhalten, geschicket worden, mit folgenden merckwürdigsten Schreiben begleitet.

Wiederaufhilffe deß Closters.

Sanctissimo Patri, ac Dno Honorio (*nempe III.*) Sacrosanctæ Romanæ Ecclesiæ Summo Pontifici Sifridus Divina miseratione Augustensis Ecclesiæ Episcopus humilis, devotum obsequium cum obedientia, & orationibus.

Noverit Sanctitatis vestræ incomprehensibilis Celsitudo, quod vacante Parochiali Ecclesia de Uttinburra nostræ Diœcesis, accesserunt ad nos Abbas, & fratres Conventus Uttinburensis Monasterij, & propositis coram nobis dolenter inopia, & cæteris miserijs multis, monasterio suo imminentibus, ex varijs causis, & casibus, tum ex rapina, & alijs injurijs sibi a malefactoribus contra jus illatis, tum ex coactis & extortis servitijs ab Advocatis suis incessanter exhibitis, præsertim ex miserabili, & casuali, quo nuper enormiter læsi sunt, incendio, & ex frequenti, quæ semper ibi floruit, hospitalitatis observantia, sic quod ipsos jam non habentes alimoniam oporteat ad alia transire Monasteria, devote & humiliter petiverunt a nobis, quatenus propter Deum, & orationes suas his & alijs, quas difficile esset enarrare, calamitatibus suis, ad reformandum priorem statum Monasterij sui, ipsis dispensative & liberaliter dictam Ecclesiam, in qua ipsi jus habent Patronatus, tenendam in perpetuum in suis redditibus ad usus communes concederemus. Nos igitur moti Spiritu, super desolatione loci semper hactenus religione, ac cæteris virtutibus cum rerum sufficientia admodum reflorentis, prædictis quoque, & alijs nisi rationibus & causis, de consilio & consensu Fratrum nostrorum Capituli Augustensis, ipsam Ecclesiam in perpetuum ad communes usus tenen-

tenendam, salvo jure Diœcesani, & Archi-Diaconi loci, præfatis Fratribus, & eorum succesuribus, ita quod in ea habeant administrationem temporalium & spiritualium, quemadmodum expresse continetur in privilegio supra a nobis edito, auctoritate Pontificali dispensantes liberaliter concessimus: Sanctitati vestræ supplicantes humiliter & devote, quatenus propter Deum & orationes nostras in subsidium, & reformationem loci tam miserabiliter desolati, factum nostrum Apostolico munimine dignemini confirmare.

13. **Römischen Pabsten/** Auf so hohes, und nachdrucklices Fürwort erfolgte von Seiner Päbstlichen Heiligkeit Honorio III. die gesuchte Bekräfftigung. Die Wort der Bulle sind folgende:

Honorius Episcopus, Servus Servorum Dei dilectis filijs Abbati, & Conventui Monasterij Beatorum Martyrum Alexandri, & Theodori in Uttenburron Salutem, & Apostolicam benedictionem.

Quando a Nobis petitur, quod justum est & honestum, tam vigor æquitatis, quam ordo exigit rationis, ut id per sollicitudinem officij nostri ad debitum perducatur effectum. Eapropter dilecti in Domino Filij, vestris justis precibus inclinati, Ecclesiam S. Petri de Uttinburron, quam Venerabilis Frater noster Augustensis Episcopus, Diœcesanus vester de Capituli sui consensu Monasterio vestro contulit intuitu pietatis; sicut eam juste ac pacifice possidetis, & in ejusdem Episcopi litteris exinde confectis plenius continetur, vobis, & per vos ipsi Monasterio auctoritate Apostolica confirmamus, & præsentis scripti patrocinio communimus. Nulli ergo omnino hominum liceat hanc paginam nostræ confirmationis infringere, vel ei ausu temerario contraire. Si quis autem hoc attentare præsumpserit, indignationem Omnipotentis Dei, & Beatorum Petri & Pauli Apostolorum ejus se noverit incursurum. Datum apud Urbem veterem XVI. Cal. Aug. Pontificatus nostri Anno IIII.

Wenige Tage vorhero hatte der heilige Vatter schon eine Bulle zu Gunsten unseres Closters verfassen lassen, von welcher wir einen Außzug mittheilen.

Dilecti in Domino filij, vestris justis postulationibus grato concurrentes assensu, personas vestras, & Monasterium, in quo Divino estis obsequio mancipati, cum omnibus bonis, quæ inpræsentiarum possidet, aut in futurum justis modis præstante Domino poterit adipisci, sub Beati Petri, & nostra protectione suscipimus. Specialiter in Uttinburron, & Beham Ecclesias, & jus Patronatus, quod in Ecclesia de Sontthaim proponitis vos habere, sicut ea omnia juste, & pacifice obtinetis, vobis & per vos eidem Monasterio vestro Authoritate Apostolica confirmamus, & præsentis scripti patrocinio communimus. Districtius insuper inhibemus, ne tu fili Abbas sine omnium, vel majoris, & sanioris partis Fratrum tuorum assensu ejusdem Monasterij possessiones alienare præsumas &c. Datum apud Urbem veterem VIII. Idus Julij.

14. **und Kaisers/** Mit nit geringerer Milde hatte schon vorgehendes Jahre der gloreichest regierende Kaiser Fridericus II. Ottobeyren begnadiget, indeme er die alte Freyheiten A. 1219. den 4. Januarij bestättiget, und zugleich das Joch der unmächtigen Vogten abgenohmen, solches Amt Heinrico dem Hertzogen in Schwaben übertragende mit nit geringen Nutzen deß Closters, wie dieses in nachgesetzter Schrifft der danckbareste Abbt selbsten bezeuget:

In

In Nomine Sanctæ Trinitatis.

Conradus Dei gratia Abbas. Notum esse volumus cunctis ista legentibus, quod Advocatis Ottinpurensis Ecclesiæ de Rumsperg defunctis, cum Gottfridus Comes de Marstettin factus esset Advocatus, & propter pusillanimitatem suam defendere non posset Monasterium, inter cæteras infestationes & molestias temporibus illis eidem Ecclesiæ illatas, quidam miles Albero nomine de Flusson multos Ecclesiæ nostræ homines in Suntthaim habitantes . . . sibi usurpavit: sed a Præfectis Imperatoris Friderici junioris, & ejus filij Heinrici, qui Gottfrido in Advocatia Ottinpurensi successit, violentia supra dicti militis, & aliorum repulsa est, & prædicta multitudo Ottinpurensis Ecclesiæ justo judicio requisita; nostrum jus in eisdem hominibus ipsorum genealogia comprobante obtentum.

Dem Lorber-Baum eignet ein sinnreiche Feder diese Wort zu, daß er noch die rauhe, und beständige Stürme deß Winters, noch die entflammte Donnerkeil deß Sommers förchte. Auch die unvergleichliche Tugend Conradi blühete, ungeachtet der empfindlichsten Stößen deß Glückes, und gehäufften Unbilden der Zeiten immerfort. Verwunderens-würdig ware sein unermüdeter, und brennender Eifer für die Ehre GOttes und seiner Heiligen. Dahero gleich daß andere Jahr nach der unglücklichen Feuers-Brunst die vielleicht gleichfalls eingeäscherte Capelle deß Heil. Nicolai eingeweyhen, und zur Abhaltung deß GOttes-Dienst erneueret worden. Unter seiner Regierung wurde das hohe Fest der Allerheiligsten Dreyfaltigkeit gleich anderen höchsten Festen, die Octav der Himmelfahrt Mariæ, wie die Apostel Feste, die Gedächtniß deß Heil. Joannis vor der lateinischen Pforten feyerlich begangen; der Kirchen-Schatz mit einem silbernen Rauchfaß, und reichen Kleidern durch die Klugheit Swigeri der Kirchen Custodis vermehret.

15. Besondere Sorge Conradi für den Dienst GOttes/

Nicht mindere Sorg erzeigte er für Erhaltung der Clösterlichen Zucht. Ein sattsames Zeugniß hievon geben beede oben gemeldete Schreiben deß Hochwürdigsten Bischoffen Sifridi n. 10. 12. wie auch Albertus, welcher von hier nach dem Reichs-Stifft Irse zum vierten Abbten begehret, und biß auf das Jahr 1228. vorgestanden ist.

16. und Clösterlichen Zucht.

Endlichen nachdeme Conradus 36. Jahre unserem Closter genutzet, gienge er zur ewigen Ruhe ab den 25. Julij A. C. 1229. Er ware, schreibet P. Gallus Sandholzer, ein Mann, so fürwahr alles Lobs, und ewigen Angedencken würdig ist, und wird von unseren Aelteren wegen seiner Demuth, Keuschheit, Gastfreygebigkeit höchstens gerühmet. Man saget, daß er in dem Dienst GOttes allezeit unermüdet, in der Lehr fürtrefflich, in dem Gebeth beständig, in dem Allmosen freygebig gewesen.

17. Sein seliger Todt / und Lob.

Er wird gar für einen Heiligen gehalten, welchen P. Elenbog. in seinem A. 1511. gedruckten Werckgen nit allein unter die heilige Beichtiger zählet, sondern auch folgendes hinzusetzet: "der Abbt Conradus lieget be- "graben vor dem Altar deß Heil. Joannis Evangelistæ, zu dessen Grab "nach allgemeiner Aussage das Angesicht deß grösseren Creutzes, so vor "dem Chor hanget, sich gewendet hat. Und scheinet noch heut das An- "gesicht allein jenes Grab anzusehen. Ubrigens glaubet man, daß so viele "Cörper der Heiligen in der Kirche ruhen, daß keinem, auch nit einmahl "denen Abbten, die Begräbnisse darinn gestattet wurde."

18. Er wird für einen Seligen gehalten.

Als die Kirche von dem Abbten Casparo Kindelman A. 1555. erneueret wurde, sind die Gebeiner deß Sel. Conradi im westlichen Theil gefunden worden, von darauß wurden selbe in den auf der mitternächtigen Seiten

19. Die erste/ und zweyte Erfindung.

vor-

vormahlen stehenden Altar der seligsten Himmels-Königin übersetzet, allwo sie auch gantz und unverletzt, obwohlen die Sarg gäntzlich verfaulet ware, biß den 12. Augusti A. 1748. ruheten, da dieselbe benen übrigen verehrens-würdigsten Alterthümern beygesetzet wurden. Zu älteren Zeiten sahe man eine Bildnuß in der Kirche mit dieser Aufschrifft: Beatus Conradus Abbas floruit circa & post Annum Dni MCLXXXXIX.

Unter der Regierung deß Seligen A. C. 1216. gefiele dem in dem Heiligsten Altars-Geheimnuß verwunderlichen GOtt durch ein unerhörtes Wunder die Gelegenheit zur Erbauung einer Capelle in dem von hier fast ein Meile, von Memmingen aber kaum ein halbe Stund entfernten Dorff Beningen zu geben. Der Hergang, und Verlauff ware nach Zeugnuß unserer alten Jahr-Büchern folgender:

20. Ursprung der Capelle in Beningen.

„Als der so genannte Ried-Müller an dem grünen Donnerstage nach
„Gebrauch der Kirche den anbettens-würdigen Leib Christi in der Kirche
„deß Heil. Petri auß den Händen deß Priesters empfangen, nahme er die
„Heil. Hostie auß dem Mund, wickelte selbe in ein Leinwad ein, und truge
„sie nach Hauß, allwo er das Göttliche Pfand in einen Becher legte.
„Nachdeme er nun gantz traurig mit den seinigen zu Nacht gespeiset, saget
„er zu seinem Weib, (welche nichts Böses argwohnte) er werde die Nacht
„nit bey ihr, sondern zur Gedächtnuß deß wachenden Heylands auf dem
„Feld zubringen. Es ware aber in der Nähe ein anderer Müller, wel-
„chem ohne Zweifel wegen seinem frommen Leben alles besonders in dem
„Hauß-wesen nach Wunsch ergienge. Dessen Glücke beneidete der ande-
„re, und suchte ihne durch Nachstellungen in das Verberben zu stürtzen.
„Dahero schleichet er sich in der stille selbe Nacht in das Hauß ein, und
„verberget die Heil. Hostie unter dem Mühlrad, in der Hoffnung, diese
„dem heiligsten Sacrament zugefügte Unbilde, werde dem Nachbaren alles
„Unheyl zuziehen. Er kehret sodenn in der frühe nach Hauß, vorgebende,
„er hätte diese Nacht mit Wachen GOtt gedienet, und erwartete mit nit
„geringer Ungedult den Auß- und Untergang seines Nachbaren. Die
„Heil. Hostie lage aber fast ein gantzes Jahr, nämlich biß auf das Fest deß
„Heil. Pabsten Gregorij, allen unbekannt an diesem Ort, aber ohne einige
„Verwesung. Unterdessen fühlete der unschuldige Müller noch reicheren
„Segen, durch welches der Böswicht nit wenig gequälet wurde. Deßwe-
„gen kehret sich dieser zu einer neuen Unthat. Denn er gehet in der Nacht
„deß besagten Fests in das Hauß seines Nachbaren, nehmet die Heil. Ho-
„stie von dem vorigen Ort, und leget selbe unter den Mühlstein.

21. Gottloses unternehmen deß Räubers.

„Und siehe Wunder! alsobald erschallet in dem gantzen Hauß diese
„Stimme: Da wird ich das höchste Gut gemahlen. Hierüber
„entsetzen sich alle in dem Hauß, lauffen zusamen, folgen der Stimme, und
„vermercken, daß diese von dem Mühlstein außgehe. Als sie nun diesen
„hinweg gewelzet, warb die Heil. Hostie mit dem nit weit davon stehen-
„den Becher gefunden. Sie erschracken, und zeigten die Sach gleich dem
„Vorsteher deß Orts an. Dieser eilet herzu mit anderen, um die Sach
„genauer zu untersuchen; und kehret nach eingenohmenen Augenschein zu
„dem Pfarr-Herrn zuruck, das geschehene diesem zu berichten. Als der
„eiferige Seelsorger alles gehöret, ziehet er die Priesterliche Kleider an,
„nehmet das Corporale mit sich, und eilet zu dem Ort. Mitten auf dem
„Wege kommet ihme der Müller entgegen mit der heiligen Hostie, welche
„als der Pfarr-Herr auß dem Becher, und auf das Corporale genohmen,
„sahe man das Blut auß selber häuffig durch die Händen deß Priester her-
„abstrohmen.

22. Erstaunli- che Wunder.

„Bald

„Bald hernach kame der Pfarrer der Stadt Memmingen, von der all-
„dortigen Geistlichkeit begleitet, und übersetzte die wunderbarliche Hostie
„mit erlaubniß unsers damahligen Abbten in die Haupt-Kirche S. Marti-
„ni, als den berühmtesten Ort. Und weilen durch viele Jahre sehr zahlrei-
„che, und erstaunliche Wunder allda geschehen, ward die Sach Fride-
„rico dem Bischoffen von Augspurg, ordentlichen Oberen berichtet, wel-
„cher gleich dahin sich verfüget, und den heiligen Schatz in einer Monstrantz
„verschlüsset, wobey denn widerum ein Blut-Strohm die Hochwürdigste
„Hände benetzete.

23. Die Heil. Hostie wird nach Memmingen übertracht.

„Zur Straffe dieser Gottlosigkeit verschlingete die Erde das Hauß deß
„Gottesrauberischen Müllers samt allen Einwohnern. Zu dessen ewigen
„Angedencken ist auf diesem Platz ein Capelle insgemein zum heiligen Gut
„genannt, erbauet worden, welche von Gallo, und Benedicto allhiesigen
„Reichs-Prälaten erneueret, mit Gemählden, welche die Geschicht vorstel-
„len, und einem Altar gezieret, und erweiteret worden. Der unschuldige
„Müller flüchtete sich nach Memmingen; kehrte aber, nachdeme er seine
„Unschuld genugsam erprobet, zuruck, und genosse einer immerwährenden
„Glückseligkeit auf Erde, biß er zu einer besseren in den Himmel abgegan-
„gen.

24. Die Straffe deß Gottesrauberischen Müllers.

„Ubrigens erhielten auf das blosse anrühren dieses Himmel-Brods
„die Todte das Leben, die mit langwierigen Ubel behafftete, und Wasser-
„süchtige die Gesundheit; andere Krancke, wenn sie nur auß dem bemel-
„deten Becher getruncken, ihre vollständige Genesung. Vor anderen
„unzahlbaren Wundern ist folgendes höchst merckwürdig, welches ich in der
„Chronick Erhardi Wintergerst Burgern von Memmingen gelesen, und sich
„also verhaltet: In dem Jahr 1446. fiele ein Kind eines Zimmermanns
„in den Bach, so durch die Stadt Memmingen fliesset, und wurde bey den
„Rechen der Mühle todt aufgefangen. Der Ruff hievon erbreitet sich al-
„sobald in den Gassen, und kommet auch den Eltern zu Ohren, welche hier-
„über sehr bestürzt, nach einigen gemachten Gelübden das Kind in die Kir-
„che tragen, auf den Altar legen, alsdenn mit der Wunder-vollen Hostie
„berühren lassen. Und siehe! Selbes kommet wieder zum Leben, und
„ruffet dreymahl auf, welches zuvor alle für todt gehalten.

25. Andere Wunder.

„Als endlich nach langer Zeit die Gestalten verwesen zu seyn schienen,
„warb von Petro Cardinal, und Bischoffen von Augspurg, dessen Weyh-
„Bischoff beschlossen, und durch Clammer Pfarrern zu Ulm offentlich kund
„gemacht, die Heil. Hostie wäre nit mehr wie ein Sacrament anzubetten,
„sondern gleich den höchsten, und fürnehmsten Reliquien zu verehren: die-
„ses geschahe A. 1446. an dem Fest-Tage der Heil. Apostlen Petri, und
„Pauli. Nachdeme aber die Abänderung in Memmingen vorgegangen,
„hörte auch diese Andacht auf, indeme dieser Schatz denen Augen entzo-
„gen, und hinter einer Mauer verstecket worden."

26. Die Gestalten verwesen, und werden der Andacht entzogen.

XXI.

Kaum hatte der Selige Conradus die Augen geschlossen, als die einhellige Stimme der Brüder Bertholdum zu dessen Nachfolger erkiesen. Er zählete zwar wenige Jahre, doch viele Verdienste, und ware nit allein ein wohl-
geübter und Tugend-voller Ordens-Mann, sondern auch ein erfahrner, und
sorgfältiger Hauß-Wirth, welches er als Cämmerer deß Closters (dieses
ist bey unseren Zeiten das Amt eines Großkellers, Procuratoris, Hauß-
meisters ꝛc.) in mehreren Stücken erwiesen. Es ware durch einige Jahrhundert allhier der Gebrauch, daß gleich nach dem Tod eines Abbten ein
neuer ernennet wurde, und dieser alsdenn den verstorbenen beerdigte. Diesem

1. Bertholdus ein fürtrefflicher Abbt

sem zufolge setzte Bertholdus den ehrwürdigen Leichnam seines frommen Vorfahrers in der Kirche mit aller Ehre bey, wobey sich ein grosse Menge der Geistlichkeit, und deß Volck einfande.

2.
empfanget die Lehen / wird eingesegnet / kehret zuruck.

Nit lang nach diesem reisete Er zu der in Ulm zuhaltenden Reichs Versammlung, empfieng von dem Römischen König Heinrico die gewöhnliche Belehnung, in Gisilin aber (vielleicht Geißlingen) die Einsegnung von Heinrico Bischoffen zu Aichstädt, weilen der von Augspurg deß Creutz-Zugs halber abwesend ware. Er kehrte endlich in sein Closter zuruck, und wurde, wie es sich gezimmete, mit Ehren empfangen.

3.
Beförderet den Nutzen deß Closters.

Nun wendete Bertholdus alle seine Gedancken auf den Wohlstand seines anvertrauten Gottes-Hauses, und fienge an alles weißlich anzuordnen, das Unordentliche zu verbesseren, das Gute zu befestigen, und sehr viele Höfe an sich zu lösen, welche wegen verschiedenen Bedürfftnissen versetzet waren. In diesem heylsamen Wercke reicheten Ihme ansehnliche Gutthäter hülffreiche Hand, besonders aber Sein leiblicher Bruder Heinricus Pfarrer in Hawangen, welcher erstlich 10. Marck dargeschencket, um einen Hof in Berge wider zu erkauffen; nach seinem Tod aber mehr denn 60. Talent, das ist, Marck dem nothleydenden Closter hinterlassen hat.

4.
Weilen geringe Hülffe von den Schirm-Herrn zu hoffen /

Doch mangelte es nit an Feinden, welche die Closter-Güter begierigst an sich zohen. Fridericus der Zweyte ware zwar, wie auß dem im Lager bey Günzeule A. 1236. gegebenen Schreiben abzunehmen, der Schirm-Herr von Ottobeyren: allein weilen Selber entweder durch die immerwährende Zwistigkeiten, und Händel mit den Römischen Päbsten gehinderet wurde, oder, wie Brietius schreibet, sorgfältiger in Unterbruckung der guten, und Gottsförchtigen, als in Bestrafung der frevelhafften Raubern ware, sahe sich Bertholdus genöthiget, anderswo Hülffe zu suchen.

5.
wendet er sich an den Pabst.

Er wendete sich dahero an Päbstlichen Stuhl, und erhielte A. 1229. von Gregorio IX. die erste Bulle, in welcher alle von vorhergehenden Päbsten verliehene Freyheiten bestättiget wurden. Dieser folgte A. 1223. die Zweyte, worinnen besagter Pabst das Closter in seinen Schutz aufnahme, und die allhiesige Pfarrey auf ein neues einverleibte. Wir übergehen Kürtze halber die ansehnlichste Gnaden-Briefe, in welchen Seine Heiligkeit A. 1235. die oben angeführte Bulle Eugenij III. bekräfftiget, und A. 1236. viele Ablässe unserer Kirche ertheilet: und setzen allein jene merckwürdigste Bulle hieher, wodurch der Gebrauch der Bischöfflichen Ehren-Zeichen einem jeweiligen Abbten zu Ottobeyren gestattet wird.

6.
Und erhaltet den Gebrauch der Bischöfflichen Ehren-Zeichen /

Gregorius Episcopus, Servus Servorum Dei, dilecto Filio Bertholdo Abbati Ecclesiæ Sanctorum Alexandri, & Theodori in Uttinpurron, ejusque Successoribus regulariter substituendis Salutem, & Apostolicam benedictionem.

Ad Ecclesiastici decoris augmentum reperta sunt insignia dignitatum, quæ Sacrosancta Romana Ecclesia congrua in singulos liberalitate distribuit, & devotis Filijs, & ipsorum locis, in quibus Deo famulantur, prout dignum judicat, suscipienda pariter, ac obtinenda concedit. Eapropter, dilecte in Domino Fili, devotionis tuæ merito provocati, usum mytræ cum omni ornatu congruo spirituali disciplinæ, in Missarum solemnijs tibi, tuisque Successoribus de benignitate Sedis Apostolicæ perpetualiter indulgemus. Hujus itaque nostræ concessionis paginam si quis infringere attentaverit, indignationem Omnipotentis Dei, & Beatorum Apostolorum Petri, & Pauli se noverit incursurum. Datum Lateranis XVII. Cal. Maij. Pontificatus nostri Anno XII. Salutis humanæ MCCXXXX.

Dieses herrliche Vorrecht hielte der Hochwürdigste Bischoff mit allem genehm, sondern erweiterte auch selbes, wie auß nachfolgendem Schreiben zu ersehen:

Welches der Bischoff bestättiget.

Sibotho Dei gratia Augustensis Ecclesiæ Episcopus dilecto in Christo Fratri Abbati de Uttinburen Salutem in dilectione fraterna.

Significamus vobis, quod, sicut impositionem infulæ vobis collatam gratam habuimus, & habemus, sic ad alia Pontificalia ornamenta in Sandalijs quibuslibet vobis concessis sincerum habemus affectum, & adhibemus assensum cum universo Capitulo nostro. Et in hujus rei certam evidentiam litteras vobis præsentes transmittimus, sigillo nostro communitas. Datum Augustæ Anno Incarnationis Dominicæ MCCXXXX, VI. Cal. Octobris.

Endlichen A. 1248. wegen abnehmenden Kräfften, und erwachsenden Alter legte Bertholdus mit Rath der Brüdern, und Einwilligung deß Bischoffs die Regierungs Bürde von sich, nachdeme er 19. Jahr als erster Infullerter Abbt dem Closter vorgestanden: worauf jene einfältige Grabschrifft abzielet:

Der Selige Bertholdus begiebt die Abbtey, und stirbt mit grossen Ruhm der Heiligkeit.

PRÆSENS PRÆLATUS HIC VESTEM PONTIFICATUS
OBTINUIT PRIMUS, MEMORES'CUJUS PRECE SIMUS.

Sein Leichnam wurde den 19. Maij A. 1248. unter dem Altar deß Heil. Joannis deß Tauffers auf der mittägigen Seite begraben. Welchen auch Casparus Abbt bey Erbauung der Kirche gefunden, und obwohlen er gebetten wurde, sich geweigeret, selben an ein anderes Ort zu übersetzen, vorgebende, die Ubersetzung der Heiligen Cörpern (denn Bertholdus ward für einen Heiligen gehalten) seye ein allzuwichtiges Wercke, als daß er solches auß eigenem Gewalt, ohne dringende Noth, unternehmen könnte; besonders weilen der Selige Leib an einem ehrvollen Ort ruhete, von welchem nit fern ein Altar dem Allerhöchsten sollte errichtet werden. Das Bildnisse dieses Seligen Vatters ware auf der nördlichen Seite neben besagten Altar zu sehen mit einiger Auffschrifft, von welcher das Alter, und die Unbilden der Zeiten nichts anderes übrig gelassen, als diese zwey Wort:

Bertholdus Abbas.

XXII.

Walthero wurde nach dem Tode Bertholdi die Inful zugeurthellet, welcher auch durch seine Fertig- und Beständigkeit in dem Geistlichen, und Wachsamkeit in dem Zeitlichen sattsam erprobet, daß er so grosser Ehre würdig wäre. Denn als er gleich bey dem Antritt seiner Regierung mit grösster Betrübniß seines Gemüths sahe, daß die Pfründten seiner Brüdern von müßigen Layen verzehret wurden,

Waltherus Abbt

Suchte er Hülffe bey der Milde Innocentij IV. Römischen Pabsten, welcher auch durch folgendes Schreiben denen Freveln ein Ziel gesetzet:

Erhaltet einen Schirm-Brieff von dem Pabsten,

Innocentius Episcopus, Servus Servorum Dei dilectis Filijs Abbati, & Conventui Monasterij de Uttinburren, Ordinis S. Benedicti, Augustensis Diœcesis Salutem, & Apostolicam Benedictionem.

Quum, sicut ex parte dilectorum Filiorum electi Augiensis, & S. Galli Abbatum fuit propositum coram Nobis, Monasterium vestrum propter imminentem generalem discordiam sit multum in temporalibus diminutum: Nos volentes vobis obtentu eorum facere gratiam specialem, ad providendum alicui in beneficio, vel pensionibus per litteras Apostolicas, vel Legatorum Apostolicæ Sedis impetratas, dummodo per eas non sit jus

ali-

aliquod acquisitum, & etiam impetrandas, nisi plenam, & expressam de præsentibus, earumque toto tenore mentionem fecerint, compelli minime valeatis, auctoritate vobis præsentium indulgemus. Nulli ergo omnino hominum liceat, hanc paginam nostræ concessionis infringere, vel ei ausu temerario contraire. Si quis autem hoc attentare præsumpserit, indignationem Omnipotentis Dei, & Beatorum Petri, & Pauli Apostolorum ejus se noverit incursurum. Datum Lugduni XIII. Cal. Septembris, Pontificatus nostri Anno VIII.

3. und Bestättigung der Erlaubniß zu Zeit des Kirchen Verboths den Gottes Dienst zu halten.

Die Vollziehung dieses Befehls hat der Pabst in einem zweyten Schreiben dem Abbte von Kempten, und Probsten von Raittenbuoch übertragen. Schon vorher nämlich den 26. Octob. in dem 7. Jahr deß Pabstthum Innocentij, hatte Waltherus auß Gelegenheit deß Kirchen Verboths, welches die zwischen dem Pabsten, und Kayser obwaltende Mißhelligkeiten veranlasset, die Erlaubniß die Gottes-Dienst bey verschlossenen Thüren, und mit Außschliessung der mit dem Bann belegten, fortzusetzen erlanget. Die Urkunden hievon rucken wir hier nit bey, weilen wir den Raum nöthigeren Materien vorbehalten.

4. Noch einer mühesamen Regierung

Auß diesem, was wir bißhero beygebracht, erhellet zu genügen, daß die Zeiten Waltheri sehr betrübt, und verworren gewesen, besonders weilen nach absterben Friderici deß Kaisers, und Heinrici dessen Sohne, Vogten deß Gotts-Hauses, niemand ware, der sich desselben annehmete. Massen die Mächtigste deß Reichs unter einander getheilet, umb die Cron stritteten, deren einige, wie die glaubwürdigste Geschicht-Schreiber erweisen, von der Höhe der Kayserlichen Würde gleich bey Anfang ihrer Ernennung gestürtzet, andere erbärmlich ermordet sind worden, biß der glückselige Monarch Rudolphus von Habspurg die erwünschte, und mit heissen Seuffzern so lang verlangte Sonne der Ruhe, und deß Frieden um das Jahr 1273. wieder gebracht. Was für Ungemach, und Unglücke indessen Ottobeyren außgestanden, da niemand hülffreiche Hand reichete, die den Mönchen auferlegte Bürden ablehnete, noch die Feinde zuruc hielte, daß sie nit die Güter frey, und ungehindert anfalleten, lässet sich leichter einbilden, als mit der Feder beschreiben.

5. Entschlaffet Waltherus.

Dieses mag freylich die Ursach deß frühezeitigen Todes Waltheri, welcher nur vier Jahr regieret, und anderer seiner Nachfolgern gewesen seyn, welche ebenfahls eine kurtze Zeit dem Closter vorgestanden. Der lobwürdigste Abbt endete sein Leben den 21. Aprilis A. 1252.

XXIII.

1. Henricus Abbt regieret löblich.

Heinricus, oder Henricus der Zweyte wurde durch die Mehrheit der Stimmen den beschwerlichen Last auf sich zu nehmen genöthiget. Zur grösseren Sicherheit liesse selber durch Alexandrum IV. Römischen Pabsten die schon vormalen von Sifrido Bischoffen zu Augspurg beschlossene Einverleibung der Ottobeyrischen Pfarrey A. 1256. bekräfftigen.

2. und stirbt.

Daß weitere zu verzeichnen hat entweder die Sorglosigkeit voriger Zeiten vernachläßiget, oder die Kürtze seiner Regierung nit zugelassen, indeme er kaum 6. Jahre bey selben verwirrten Zeiten das Steur-ruder geführet, und würdig einer längeren Regierung, und besserer Zeiten, das Zeitliche verlassen hat A. 1258.

XXIV.

1. Sifridus Abbt.

Eben so kurtz müssen wir seyn in den Lobsprüchen deß Preißwürdigsten Sifridi, oder Sigefridi, welchem in eben besagten Jahr die einhellige Wahl die Abbteyliche Inful, als ein verdiente Cron seiner Tugenden bestimmet, und

und Hartmannus die Bestättigung Päbstlicher Bullen, und Bischöflichen Gnaden-Briefe, so die schon öffters gemeldete Einverleibung enthalten, übermachet hat A. D. 1258. Indict. Prima. X. Cal. Septemb.

Er selbsten vertauschete dieses sterbliche mit dem unsterblich, und glückseligen Leben den 28. Octobris A. 1266.

2. Stirbt.

Das sechste Jahrhundert.
XXV.

DEn Eingang dieses Jahrhundert machte Henricus der Dritte durch seine löbliche Regierung merckwürdig. Er ware entsprossen auß dem edlen Geschlecht der Frey-Herrn von Bregantz, und gleich nach dem tödtlichen Hintritt Sifridi erwählet.

1. Henricus III.

Sein erste Verrichtung ware, daß er mit außdrucklicher Erlaubniß Hartmanni Bischoffen zu Augspurg den Leib deß Seligen Ruperti an ein bequemeres, und ehrwürdigeres Ort übersezete: welche Feyerlichkeit die Hochwürdigste Ertz-Bischöfe, und Bischöfe von Maynts, Salzburg, Prag, Freisingen, Chur, Brixen, Regenspurg, und andere auß Welschland mit hertzlichen Ablassen begnadet.

2. Übersetzet den Leib deß Seligen Ruperti.

Unter diesem Abbten kame an das Gotts-Hause das jus Patronatus in Eristried. Daß hierüber errichtete Instrument ist gegeben in Augspurg, und von dem Bischoff Sigefrido den 5. Januarij A. 1288. unterschrieben worden.

3. Erhaltet das jus Patronatus in Eristried.

Auch tratten die Ehrwürdige Prior, und Convent von Ochsenhausen das Schloß Limperg an uns ab, wie auß nachstehender Schrifft zu ersehen:

4. und das Schloß Limperg.

Omnibus Christi Fidelibus præsentes litteras inspecturis Prior & Conventus Monasterij in Ochsenhausen Ordinis S. Benedicti, Diœcesis Constantiensis, ad Monasterium S. Blasij nigræ sylvæ pertinentis, cum charitatis affectu notitiam subscriptorum.

Noverint, quos nosse fuerit opportunum, quod Cœnobij nostri utilitate inspecta subtilius & pensata, tractatu inter nos præhabito diligenti, Reverendis in Christo Dominis Abbati, & Conventui Monasterij in Uttinpuren præmemorati Ordinis Augustensis Diœcesis, nec non & ipsorum Ecclesiæ, Venerabilis in Christo Patris, ac Domini nostri Abbatis, & totius Conventus Monasterij S. Blasij supradicti consensu, prout suis in litteris est expressum, concorditer accedente, proprietatem loci, seu fundi, in quo Castrum Limperg constructum dignoscitur, infra septa, & vallum ipsius castri, donamus unanimiter omnes & singuli, quorum interest, & donasse sub ea conditione, & pacto, quod idem castrum, & mons penitus destruantur, & ad eum statum reducatur mons ipse, quod ad munitionem inibi de cætero faciendam prodesse nullatenus videatur, præsentibus profitemur; nobis & Ecclesiæ nostræ in reliqua parte mensis prædicti, cujus proprietas Ecclesiæ nostræ est in omnibus jure salvo, ad observationem omnium & singulorum præmissorum dolo & fraude prorsus semotis, nos & successores nostros firmiter obligantes. In horum evidentiam præsens instrumentum donationis prælibatis Abbati, & Conventui in Ottinburen, & ipsorum Monasterio tradimus sigilli nostri munimine roboratum. Datum Anno Domini MCCLXXXXIII. XII. Cal. Junij. Indictione VI.

Das übrigens Henricus ein beflissenster Beförderer der Liebe, und Andacht gewesen, erweiset die schon vormahlen beschlossene, unter jhme aber erneuerte Geistliche Bündniß mit dem berühmten Closter Schwartzach. Wir

5. Errichtet eine Bruderschafft mit dem Closter Schwartzach.

theilen den deßwegen abgefaßten Brief mit, wie wir selben in unseren alten Urkunden finden:

In Nomine S. Trinitatis.

Heinricus Dei Gratia Abbas in Uttinbeyren, & Theodoricus eadem gratia Abbas in Schwarzach licet indignus. Opus bonum & omni acceptione dignum, quod in diebus nostris benignitas S. Spiritus nobiscum est operata, roborari debet præsentium munimine litterarum, ne scripturæ hujus frequens lectio sinat factum memorabile de memoria legentium aboleri. Ipsius quippe Spiritus S. benignitate, & potenti sapientia disponente, Venerabilis Abbas de monte S. Michaëlis in Bamberg Dnus Heroldus, & D. Theodoricus, felix Pater felicium suorum in Christo filiorum in Schwarzach, ubi suavis, & B. Martyr Felicitas perennem a Domino suscepit dominatum; ipsi duo venerandi Patres, & Dominus Deus cum ipsis, & in ipsis ad Uttenburrense venerunt Monasterium, eorumque exhortatione, ac lætabundo totius Capituli consensu decretum est, & in nomine Christi ratum habitum, ut inter sacros Conventus Uttinburensium, & Schwarzachensium Fratrum sit in spiritualibus, ac temporalibus una eademque Fraternitatis societas in æternum; & ut liceat Fratribus utriusque Monasterij pro voluntate sua, vel necessitate ad se invicem transire, atque in tali eventu, non quasi hospites & advenas, sed modis omnibus sicut cives & domesticos ab invicem suscipi, servari, & procurari.

Hoc Decretum sacrum, & divinum in utroque Monasterio scribi, & haberi in perpetuum rogamus, statuimus, & obtestamur per Jesum Christum, qui utraque fecit unum, per ipsam S. Trinitatis inseparabilem conjunctionem, & per felicem B. Felicitatis, & gloriosi ejus Filij Alexandri patronatum, quorum meritis atque precibus in cælica Domo æterni Patris Jesu Christi, ubi multæ sunt mansiones, ad laudandum semper Deum in una simul mansione splendida recipi, & manere in perpetuum mereamur.

Nos Sifridus Dei Gratia Abbas Schwarzachensis, totusque Conventus Decreta & Statuta Venerabilium Prædecessorum nostrorum rata, & grata observare, & inviolabilia ex parte nostri habere volumus, & cum prænotatis Confraternitatis nostræ dignis Patribus, & Fratribus tam spiritualia, quam temporalia rebus & corporibus compartiri. Hæc autem prænotata tam sigillis, quam scriptis innovata sunt tempore Sifridi Abbatis Schwarzachensis Anno Domini MCCVC. ultimo anno Prælationis suæ.

6.
Belohnet einen Schutz-Brief von dem Kayser.

Obwohlen nun Henricus sein Amt löblichst verwaltete, und eines unstraffbaren Wandels ware, muste er doch sehr vieles leyden, ja ward von einigen so sehr mißhandelt, und gedrucket, daß er genöthiget wurde, bey dem Kayser Adolpho um einen Schutz-Brief anzusuchen, welchen auch dieser in Mergenthaim den 22. Januarij A. C. 1295. in dem dritten Jahre seines Reichs allergnädigst ertheilet.

7.
Und stirbt.

Endlichen nachdeme dieser würdige Abbt 30. Jahre löblich, und nützlich dem Closter vorgestanden, verwechselte er die irrdische Insul mit der ewigen Cron in dem 1296. Jahre den 22. Martij.

XXVI.

1.
Conradus II. ein unfähiger Abbt.

Das Leyd, mit welchem sich Ottobeyren bey dem Ableiben deß guten Henrici befallen sahe, vermehrte Conradus der Zweyte, welcher zwar gleich den anderen Tage einstimmig erwählet worden, aber Zeit seiner 16. Jährigen

gen Regierung wenig lobwürdiges der Nachwelt hinterlassen. Vielmehr setzte er durch seine Sorglosigkeit die Clösterliche Zucht, und durch Verschenckung der Güter die Haußwirthschafft in einen sehr betrübten Stande.

Diese Ubel wurden nit wenig vergrösseret, weilen Henricus der Siebende Römische Kayser das Vogt-Recht um ein grosse Summe Gelts dem Grafen Bertholdo von Neuffen versetzet, dieser aber dem Herrn Swickardo von Gundelfingen um 90. Marck verkauffet, ohne daß sich jemand auß den Mönchen wiedersetzte.

2. Das Vogt-Recht wird verkaufft.

Das mildeste Hertz deß damahligen Bischoffen von Augspurg Degenhardi schiene durch so armseligen Zustande gerühret; dahero Hochderselbe die beede Pfarreyen in Hawangen, und Halbenwang dem Closter durch folgenden Brief einverleibte.

3. Die Einverleibung der Pfarreyen in Hawangen, und Halbenwang.

In Nomine DEI Amen.
Nos Degenhardus Dei Gratia Ecclesiæ Augustensis Episcopus notum esse volumus omnibus Christi Fidelibus, quod Nos de consensu totius Capituli nostri Augustensis, Ecclesias in Habenwanc, quam tenet Hartmannus de Berge Canonicus Ecclesiæ nostræ, & in Haldenwanc, quam tenet Wolshardus de Rötz Canonicus S. Mauritij in Augusta, donamus libere, & deputamus ad mensam communem Abbatis, & Conventus Monasterij in Ottenpuren Ordinis S. Benedicti nostræ Diœcesis, ut eidem mensæ perpetuo deserviant, & ut Monasterium cultui Divino uberius valeat insudare. Jura enim Patronatus jam dictarum Ecclesiarum prædicto Monasterio in Uttenbeüren hactenus pertinebant, salvo tamen jure Episcopali, & Archi-Diaconi in Ecclesijs supra dictis. In cujus donationis evidens testimonium, & perpetuam memoriam præsentes dedimus ipsi Abbati, & Conventui, sigillorum nostri videlicet, & Capituli nostri Augustensis munimine roboratas. Datum, & Actum in Augusta Anno Domini MCCCIIII. 3tio Non. Febr. Indict. 2da.

Nachdeme also Conradus durch 16. Jahre dem Closter wenig genutzet, starbe er den 28. Junij A. 1312.

4. Conradus stirbt.

XXVII.

Die besagte Wunden suchte Henricus IV. so viel jhme möglich zu heilen; indeme er einige Höfe, und Zehenden erkauffete, und das Vogt-Recht der Kirche in Engematried (Engetried) wie auch die Pfarr-Rechten in Hawangen an das Gotts-Hause brachte. Allein

1. Henricus IV. ein löblicher Abbt.

Der Tod setzte seinen grossen Unternehmungen gar zu enge Schrancken, und entrisse uns diesen lobwürdigsten Abbten nach zehen-jähriger Regierung den 19. Maij A. 1322. Von jhme

2. Stirbt.

XXVIII.

Ererbte den Name, die Abbten-Mütze, und Tugend Henricus von Nordtholtz, ein grosse Zierde seines Edlen, und Ritterlichen Geschlechts, ein in dem Zeitlichen nutzlicher Verwalter deß Gotts-Hauses, sorgfältiger Verfechter der Freyheiten, und kluger Vermehrer der Gütern.

1. Henricus V. ein Preißwürdigster Prælat.

In dem 9ten Jahr seiner Verwaltung erhielte dieser würdige Abbt von dem Kaiser Ludovico die Bestättigung deß Privilegij, oder Freyheits-Brief, welchen uns Fridericus II. und andere vorhergehende Monarchen ertheilet. Von diesen höchsten, A. 1331. zu München gegebenen Gnaden-Brief wird ein mehreres an gehörigem Ort gemeldet werden.

2. Erhaltet die Bestättigung der Freyheit von Ludovico dem Kaiser.

Als bald hernach die Gotts-Hauß Unterthanen das Joch abzuwerfen, alles nach eigenem Willen frey zu thun, und unter anderen, ohne auf den Befehl deß rechtmässigen Herrn, und Abbten acht zu haben, die Namen

3. ein Verbot gegen die Unterthanen,

men und Arbeit der Bauern mit den Rechten und Kommlichkeiten der Burgern in denen Städten zu vertauschen suchten, bezähmete diesen unbesonnenen Muthwillen nachgesetztes Kaiserliche Schreiben.

Nos Ludovicus Dei Gratia Romanorum Imperator semper Augustus notum facimus manifeste per has litteras, quod Nos Venerabili, & Religioso Viro Abbati in Uttinburen , & Monasterio ibidem hanc gratiam concessimus, & concedimus hisce præsentibus, ut nullus, qui jure proprietatis corporalis, aut censuali jure prædicto Abbati est subjectus, ei effugiat ad aliquam Imperij nostri Civitatem, & in ea Civis fiat, aut Civium Privilegijs gaudere possit, aut debeat. Mandamus itaque omnibus nostris , & Imperij Civitatibus firmiter sub gravissimæ indignationis nostræ comminatione, ne aliquem virum, aut hominem prædicti Abbatis, & Monasterij subditum in civem recipiatis, nec jus civium donetis. Hoc si unquam contigerit, volumus nullum prorsus robur habere. Et in horum testimonium dedimus eis has litteras nostro Imperiali sigillo munitas. Datum Oeniponte feria 2da ante festum D. Thomæ Apostoli Anno Domini MCCCXXXIIII.

4. und Bekräfftigung eines erstorbenen Rechts. Ja der Gnädigste Monarch bekräfftigte auch jenes uralte, dem Gottes-Hauß vermahlen zustehende Recht, den halben Theil der Güter, und Hinterlaffenschafft eines erstorbenen Unterthanen zu beziehen. Wir mittheilen einen kurtzen Außzug dieses in Ulm A. 1336. gegebenen Schreiben:

Quoniam relatione fide dignorum intelleximus, quod Ecclesia Uttenburen jam dudum a temporibus, cujus initij non est memoria, hoc jure & consuetudine usa sit hactenus pacifice , & inconcusse , ut ab hominibus sibi jure proprietatis, vel alio titulo Canonico pertinentibus medietatem omnium rerum post ipsorum obitum relictarum jure mortuarij sibi vendicet , & recipiat , heredum decedentis nullo contradicente. Volentes igitur dictum Monasterium , quod speciali nostra gratia amplectimur, in suo jure, & præscripta consuetudine approbata fovere, & manu tenere , ipsi prædicto Monasterio Uttenburen auctoritate Imperiali concedimus , & præsentibus nostris in perpetuum duraturis prædictum jus & consuetudinem , quæ defacto a tempore Prædecessoris nostri Alberti Romanorum Regis læsa fuerat, confirmamus, ut Abbates , qui pro tempore ibidem Canonice fuerint creati, ab hominibus prædicto Monasterio titulo Canonico pertinentibus, post ipsorum decessum medietatem omnium rerum , ab ipsis decedentibus relictarum , integraliter & pacifice recipiant &c.

5. Was geschiehet wieder die Vogten. Wir haben schon unter Conrado II. n. 2. gemeldet, was für Veränderungen, betreffend das Schutz, oder Vogt-Recht, fürgegangen. Diese häuffeten sich zu diesen Zeiten, und kame besagtes Recht Pfand-weiß an einige Herrn, nämlich Lucium Krafft Burgermeistern, Petrum Strölin den älteren, Heinricum Roth und Othonem Besserer Burger zu Ulm. Bey so vielen Abwechselungen leydete das Closter unsäglichen Schaden. Dahero so wohl Ludovicus A. 1341. als Carolus der Vierte A. 1348. besondere Schreiben ergehen lassen, in welchen diese weiseft, und gerechteste Kaiser die Vogten ihres Amts nachdrucklichst erinneren, und ihren Vergewaltig, und Bedruckungen ein Ziel setzen.

6. Das Vogt-Recht kommt an die Bischöffe von Augspurg. Endlichen übergabe Carl der Vierte A. 1350. daß mehr besagte Vogt-Recht Marquardo Bischoffen in Augspurg, und dessen Hochwürdigsten Nachfolgern, welche solches auch biß auf die Zeiten Ruperti II. Weiland würdigsten Abbten allhier behalten.

Hen-

Henricus begnügte sich nit, daß er den Nutzen deß Closters in dem Zeitlichen beförderet, und die Güter nach Kräfften verbesseret, oder vermehret. Er suchte vielmehr den Geistlichen Wohlstande auf die spateste Zeiten zu befestigen. Dahin zielten ab jene fromme Bündnisse, welche er mit dem Closter Ahusen, und dem berühmten Reichs-Stifft Jrsen geschlossen. Wir setzen allein die Urkunden von der letzteren hieher: *7. Bündnissen mit anderen Clöstern.*

In Nomine S. Trinitatis Amen.

Opus bonum, & omni acceptione dignum, quod in diebus nostris benignitas almi Pneumatis nobiscum est operata, fulciri debet præsentium robore litterarum, ut scripturæ hujus frequens lectio non sinat factum laudabile de memoria legentium aboleri. Nos igitur Ulricus Dei permissione Abbas, totusque Conventus Monasterij in Ursina Ordinis S. Benedicti, Diœcesis Augustensis, præsentibus profitemur, quod Divina Gratia, & potenti Sapientia disponente, hoc in nostro Capitulo decrevimus, & statuimus, ut inter nos, & Dominum Heinricum Venerabilem Abbatem, & Conventum in Uttenburren Diœcesis præfatæ, ejusdem Ordinis, una eademque fraternitas, & societas sit in æternum: & ut liceat Fratribus utriusque Monasterij in spiritualibus, & temporalibus ad se invicem transire pro sua necessitate, vel etiam voluntate: atque in tali eventu non tanquam hospites & advenas, sed modis omnibus sicut cives, & domesticos alternatim suscipi, servari, & procurari. Hoc Decretum sacrum, & divinum statutum in utroque Monasteriorum prædictorum scribi, & ratum haberi in perpetuum flagitamus. Hæc autem prænotata tam sigillis nostris, quam scriptis sunt munita, & roborata. Datum Anno Domini MCCCXXXXV. proxima die Sabbathi post Ascensionem Domini nostri Jesu Christi.

Nach so vielen lobwürdigen Thaten, und 31. Jährigen nutzlichsten Regierung endete Henricus sein Ruhm-volles Leben den 13. Mart. A. 1353. *8. Tod deß Abbten.*

XXIX.

Kaum hatte Selber den Geist aufgeben, als durch einhellige Stimme und fast in einem Augenblick zum Nachfolger außgeruffen wurde Joannes von Altmashoven ein eifriger Liebhaber der Gerechtigkeit, und scharffer Bestraffer der Lastern. Er wiese dieses gleich anfänglich, indeme er die Verläumbungen mit Monathlicher Verbannung, Gelt-buß, und dem so genannten Laster-Stein durch ein ernstliches Gesetze bestraffet. *1. Joannis von Altmashoven.*

Er verfiele glaublich dieser Ursach wegen in nit geringe Streitt, und Händel theils mit denen Herrn von Lannenberg, theils mit seinen eigenen Unterthanen, welche jedoch glücklich, und bäldist gehoben worden. *2. unruhige/*

Nit mit gleichem Glücke kunte dieser Prälat den Schulden-Last, mit welchem damahlen das Closter beladen ware, bilgen: vielmehr ward er genöthiget ansehnliche, und lebenlängliche Renten und Pensionen einigen Glaubigern zu bezahlen, von anderen hingegen, und so gar von einigen Ulmischen Juden grosse Summen um einen ungewöhnlichen Zinß zu entlehnen; welches denn der Ursprung, und die Quelle unzahlbarer, und traurigster folgen ware, durch welche unser Gottes-Hauß mehr als hundert Jahre ist bedrucket, und in den armseligsten Stande versetzet worden. *3. und mißheller. He Regierung/*

Nach 18. Jähriger Verwaltung suchte dieser ansonst lobwürdige Abbt die wahre Ruhe in der ewigen Glückseligkeit den 5. Novembris A. 1371. Diesen Prälaten nennte Carl der Vierte einen Fürsten in seinen Schreiben nach dem Beyspiel Alberti I. welcher dieses Vorwort schon vorhero den Ottobeyrischen Vorstehern gegeben. *4. und Tod.*

M   Das

Das siebende Jahrhundert.
XXX.

1.
Udalricus von Kudringen

Er hohe Adel, die angebohrne Großmuth, und andere erhabene Tugenden, welche in Udalrico von Knöringen herfürleuchteten, bewegten die Brüder, daß sie demselben würdigen Haupt die Abbteyliche Mütze durch einmüthige Wahl zuurtheilten. Es schiene bey dem Antritt seines Amts, als wenn sich der Himmel außheitern, und die erwünschte Sonne auß den trüben Wolcken herauß bringen wollte. Maßen er nit allein von Gregorio XI. Römischen Pabsten bestättiget worden, sondern auch folgenden Gnaden-Brief gleich das andere Jahr hernach erhalten hat.

2.
erhaltet von dem Pabsten/

Gregorius Episcopus Servus Servorum Dei dilectis Filijs Abbati, & Conventui Monasterij in Uttenpuren Ordinis S. Benedicti, Augustensis Diœcesis Salutem, & Apostolicam benedictionem.

Cum a Nobis petitur, quod justum est, & honestum, tam vigor æquitatis, quam ordo exigit rationis, ut id per sollicitudinem nostri officij ad debitum perducatur effectum. Eapropter, dilecti in Domino Filij, vestris justis postulationibus grato concurrentes assensu, omnes libertates ac immunitates a Prædecessoribus nostris Romanis Pontificibus sive per Privilegia, sive alias indulgentias vobis & Monasterio vestro concessas: nec non libertates & exemptiones sæcularium exactionum a Regibus, & Principibus, & alijs Christi Fidelibus rationabiliter vobis & Monasterio prædicto indultas, sicut eas juste, & pacifice obtinetis, vobis, & per vos eidem Monasterio auctoritate Apostolica confirmamus, & præsentis scripti patrocinio communimus. Nulli ergo omnino hominum liceat hanc paginam nostræ confirmationis infringere, vel ei ausu temerario contraire. Si quis autem hoc attentare præsumpserit, indignationem Omnipotentis Dei, & Beatorum Petri & Pauli Apostolorum ejus se noverit incursurum. Datum Avenione VI. Idus Decemb. Pontificatus nostri Anno II. Christi MCCCLXXIII.

3.
und von dem Kaiser die Bestättigung der Freyheiten in dem Rechten;

Seine Kaiserliche Majestät geruheten allergnädigst auf unterthänigstes bitten Udalrici die von Lothario, und Friderico II. erlassene Briefe in das Deutsche übersetzen zu lassen, und auf ein neues unsere Exemption, und Freyheiten in dem 1372. Jahr zu bekräfftigen. Man beliebe hievon in dem 3ten Theil nachzusehen.

4.
und von dem Pabsten ein neues Breve.

Diesen höchsten Gnaden setzte Gregorius XI. A. 1375. eine andere bey, indeme er dem Hochwürdigen Abbten deß weitberühmten Reichs-Stifft Roggenburg aufgetragen die unrechtmäßiger Weise unserem Closter entzohene Güter mit Apostolischer Macht wieder einzuraumen. Weilen dieses Breve sehr vieles, so zur Erklärung unserer Historie dienet, enthaltet, setzen wir das mehriste auß dem selben hieher:

Gregorius Episcopus Servus Servorum Dei, dilecto Filio Abbati in Roggenburg Ord. Præmonstratensis, Augustensis Diœcesis Salutem &c.

Ad audientiam nostram pervenit, quomodo eorum (*Abbatis, & Conventus Monasterij in Ottinburren*) Prædecessores decimas, redditus, terras, vineas, possessiones, domos, casalia, prata, pascua, nemora, molendina, jura, jurisdictiones, & quædam alia bona ipsius Monasterij datis super hoc litteris, confectis exinde publicis instrumentis, interpositis juramentis, factis renunciationibus, & poenis additis, in gravem ipsius Monasterij læsionem, non nullis Clericis & Laicis, aliquibus eorum

ad

ad vitam, quibusdam vero non ad modicum tempus, & alijs ad perpetuo
utendum, vel sub annuo censu concesserunt: quorum aliqui dicuntur
super his confirmationis litteras in forma communi a Sede Apostolica impetrasse. Quia vero nostra interest, super hoc de opportuno remedio
providere; Discretioni tuæ per Apostolica scripta mandamus, quatenus
ea, quæ de bonis præfati Monasterij per concessiones hujusmodi alienata inveneris, vel illicite abstracta, non obstantibus litteris, instrumentis...
ad jus & proprietatem Monasterij legitime revocari procures, contradictores per Censuram Ecclesiasticam, appellatione postposita, compescendo &c.

Allein hat diese Sonne sich kaum sieben Jahre über unserem Gesichts Kreise gezeiget, als selbe schon wiederum ihrem Niedergang zueilete, und durch die Tods Finsternissen unseren Augen entzohen wurde den 4ten Aprilis A. 1378.

XXXI.

Joannes Hocherer folgte in der Regierung; hatte aber das Unglück, ungeachtet der grossen Bemühungen Udalrici, das Closter in so grosser Armuth, und Noth zu finden, daß er das Dorff Günz samt anderen ansehnlichen Gütern verkauffen muste. Da er nun die Schulden deß erarmten Gotts-Hauß nit bezahlen kunte, bezahlte er die Schuld der Natur den 14. Augusti A. 1390. In eben diesem Jahr

Joannes III. Abbt.

XXXII.

Wurde Henricus VI. durch Einwilligung der Brüdern zum Abbten erwählet. Von was für einem Geschlecht er abstammete, und mit was Nutzen selber dem Closter vorgestanden, haben entweder die verschiedene Zufälle, und Abänderungen der Zeiten, oder die wenig löbliche Verrichtungen in den Schwartzen Vergessenheits-Aschen vergraben. Nit unbillich tadeln jenes an ihme unsere Jahr-Bücher, daß er die Besorgung der zeitlichen Gütern allein der fremden, und außwärtigen Obsorg überlassen. Nachdeme er 8. Jahre, und einige Monathe Gesetze gegeben, muste er sich selbst dem allgemeinen Gesetze deß Todes unterwerffen den 26. Oct. 1399.

Henricus VI.

XXXIII.

Die Inful wurde A. 1399. Joanni von Affstetten zu theil. Allein ware ihr Schimmer eben nit so groß, und reitzend, daß dadurch die geschärffte Adler Augen dieses adelichen Herrn, und noch weit frömmeren, und Gottseligeren Ordens-Mann verblendet wurden. Als er dahero den äussersten Abgang aller zeitlichen Mitteln, und völligen Zerfall der Clösterlichen Zucht inner den Mauern ersehen, legte er nach Verlauff eines Jahrs die beschwerliche Würde nieder, und brachte sein übriges Leben in Ruhe zu. Von seinem Tode finden wir nichts verzeichnet.

Joannes IV. von Affstetten. ein Gottseliger Abbt resignirt.

XXXIV.

Joannes Russinger, oder vielmehr Rüssinger, wurde hierauf auß dem Reichs-Stifft deß Heil. Udalrici in Augspurg, wir wissen nit, ob durch die Mönche, oder den Bischoffen zur Ottobeyrischen Abbtey beruffen. Dieser, nachdem er vier Jahre als ein nutzlicher Hauß-Wirth, und Gottseligster Vatter mit grösten Lob dem Closter vorgestanden, wurde durch die allgemeine Einstimmung zur Verwaltung der Abbtey A. 1404. nach Hauß beruffen, und leuchtete allborten durch 24. Jahre mit herrlichen Tugenden. Und weilen er schon allhier sich der Inful, und anderer Bischöfflichen Zierden gebrauchet, hat er gleiche mit sich in sein belobtes Reichs

Joannes V. Regiert löblich, und kehret wieder nach Hauß.

Got-

48

XXXV.

Nun ware, wie billich, die erste, und gröste Sorge der Brüdern, daß sie sich um einen tauglichen Vorsteher auß der Mutter Schooß umsehten, welcher dem armseligen, und fast verzweifelten Zustande abhelffete, dem durch den Schulden-Last beschwerten, und fast unterdruckten Closter hülffreiche Hand reichete, die Rechten, und Freyheiten mit allen Krässten verfechtete. Alle haben dahero ihre Augen, und Gemüther gewendet auf Eggonem einen gebohrnen Grafen von Schwabegg, welcher bey Antritt seiner Regierung das Closter in so armseligen Stande gefunden, daß auß den Einkünfften kaum ein Mönche könnte erhalten werden; ja auch dieser, wie Elenbogius schreibet, muste, gleich den Hirten, von Hauß zu Hauß seine Kost suchen.

1. Eggo Graf von Schwabegg

Eggo suchte vor allem die Rechte seines anvertrauten Gotts-Hauses in den alten Stande zu setzen, und erwiese sich Zeit seines Leben einen unerschrockenen Verfechter der Freyheit. Dahero er gleich A. 1406. von Ruperto, und wiederum 1415. von Sigismundo Römischen Kaisern die Regalia, Weltlichkeit, Lehenschafft, und Manschafft, mit allen ihren Nutzen, Rechten, Zuogehörungen empfangen, zugleich auch unterthänigist gebetten, daß Höchst dieselbe alle, und jegliche Gnade, Rechte, Freyheit, Privilegien, Briefe, und Hand-vesten, die seine Vorfahren Abbte und Convent zu Ottenbeüren von Römischen Kaiser, und Königen an dem Reich erworben, und hergebracht haben, zu verneuern, zu befestigen, und zu confirmieren gnädiglich geruheten, und dieser gerechtesten Bitte allermildeß gewähret worden.

2. Ein dapferer Verfechter der Rechten,

Noch mehr eiferte er für die Wiederherstellung der Clösterlichen Zucht. Worinnen er auch so glücklich ware, das Kaiser Sigismundus außdrücklich die Sorgfalt und den Eifer in dem Dienst GOttes als die Ursach deß ertheilten Diplomatis und Bestättigung-Brief beysetzete. Die Wort sind folgende: Wan wir nun von angeborner Liebe, und Römischer Königlicher Macht aller, die zuo GOttes Dienste ergeben sind, und unserem Schöpfer in einem erbaren, und geistlichen Leben vleissentlich dienen, Gemachte und Ruhe allzeit gerne fürderen: davon haben wir angesehen die vorgenandten demütige Bitte, und auch gahr gnediglich betrachtet der vorigen Abbts, und Convents ersamen Leben, und löblichen Dienst, den sie teglich vollbringen ꝛc. Wir übergehen die übrige Beweise, weillen dieser gecrönte Zeuge anstatt aller erkleckt.

3. und vernünftige Beförderer der Clösterlich en Nothsommenheit,

Allein in Mitte dieser Bemühungen zohen sich sehr düstere Wolcken der Verfolgungen über dem Haupt deß Gottseligen Abbten zusamen, also, daß selber wenige heitere Täge zählete. Die Gefahr war desto grösser, weilen sich einheimische, und außwärtige, mächtige, und adeliche Feinde zu gleicher Zeit zeigeten.

4. in sehr harte Verfolgungen,

Das standhaffte Hertze Eggonis hielte sich zwar unter so vielen Stürmen, gleich einem Felsen, immerdar aufrecht, und zernichtete die unkräfftigere Keil. Allein muste selbes doch endlich weichen, und durch einen, obwohlen nit allzu vortheilhafften Vergleich die Ruhe erkauffen.

5. und endlich nach getroffenen Vergleich

Der-

Derselben kunte Eggo nit lang genüssen. Denn, wie Elenbogius schreibet, „da er sich als ein feste Mauer den Feinden entgegen setzete, und nichts „dem Closter entreissen liesse, machen einige ein Bündniß unter sich, denselben zu tödten. Der großmüthige Abbt, damit die Unterthanen seinetwegen keinen Schaden leydeten, entlasset sie ihres Eybs, welchen sie ihme geschworen hatten. Als dieses seinem Herrn Vatter zu Ohren kommen, mißbilligte selber sehr klug, und weißlich den Entschluß seines Sohns, und bestraffte ihne, daß er unvorsichtig gehandelt. Die Billichkeit dieses Verweiß hat der Außgang gezeiget. Denn der Abbt nunmehro von seinen Unterthanen verlassen, seine Feinde nur verwegener machte, welche ihme nach dem Leben strebeten, und durch die eigene Diener in dem Bett erwürgen liessen. Sie stürtzten nachgehends den erblassten Leichnam durch ein sehr hohes Fenster bey der Kirche herab. Eines so erbärmlichen Todes starbe dieser gute Hirt, welcher sein Seele für seine Schaafe dargegeben A. 1416. Wir haben auch von glaubwürdigen Zeugen gehöret, „daß alle desselben boßhaffteste Mörder eines bösen Todes gestorben." Diesem unüberwindlichen Verfechter unserer Rechten verabzinsen wir noch Jährlich durch einen besonderen Jahr-Tage daß schuldigste Danck-Opfer: unsere Vorfahrer aber setzten ihme folgende Grabschrifft:

6. ſein Tod.

ANNO MCCCCXVI. XV. KAL. AUG.
OBIIT
P. M.
EGGO ABBAS HUJUS MONASTERII OTTOBURENSIS.

Der Gottselige Abbt hinterliesse uns aber annoch ein anderes Angedencken seiner wahrhafft Vätterlichen Sorgfältigkeit, indeme er die Einverleibung der Pfarrey Attenhausen von Eberhardo Bischoffen zu Augspurg A. 1411. erhalten. Auß dem allzu langen darüber verfassten Schreiben geben wir nur einen zu unserer Historie gehörigen Außzug.

7. Die Einverleibung der Pfarrey Attenhausen.

Nos Eberhardus Dei, & Apostolicæ Sedis Gratia Episcopus Augustensis ad perpetuam rei memoriam constare volumus inspectoribus universis, quod considerata multitudine personarum, nobis in Christo dilectorum Abbatis, & Conventualium Monasterij in Ottenpeuren Deo ibidem devote famulantium ... & paucitate reddituum .. de quibus ipsæ personæ ad serviendum Deo ibidem, & exercenda Divina, & alia pietatis opera minus commode possunt sustentari, & hospitalitatem tenere, & alia onera ipsis incumbentia tolerare ; specialiter propter quasdam turbationes, quas alias, ut percipimus, idem Monasterium in suis colonis, & possessionibus graviter sustinuit ; & ut solita saltem Divinorum celebratio in ipso Monasterio nostris non minuatur temporibus, sed potius per Nos, tanquam loci Ordinarium, more pij Patris cultus Divinus devotius augeatur ; Ecclesiam Parochialem in Attenhausen ... cujus quidem jus Patronatus Abbati, & Conventui pleno jure dignoscitur permanere, cum singulis fructibus, redditibus, obventionibus, & juribus ipsius, quocunque nomine censeantur, ex speciali gratia ipsis Abbati, & Conventui, ac ipsorum mensæ ... incorporavimus, & univimus, ac ex certa sententia, Auctoritate nostra Ordinaria præsentibus vobis, & vestris successoribus annectimus, unimus, & incorporamus, his in scriptis volentes, & concedentes, ut ipsi Abbas, & Conventus, & ipsorum Successores propria authoritate in antea singulis futuris temporibus, fructus, redditus, & obventiones universas cum omnibus juribus..

pro

pro ipsorum sustentatione commoda recipiant, & colligant, ac de ipsis libere disponant, sicut suis, & Monasterij sui utilitatibus crediderint expedire &c.

XXXVI.

1.
Joannes Schedler

Die glücklich, und einhellige Wahl, durch welche Joannes Schedler zur Inful beruffen wurde, hat einiger Massen die durch den gewaltsamen Tode deß frommen Eggonis erpreßte Thränen abgetrocknet. Er war gebohren zu Kempten, und vor dem Eintritt in das Closter ein Welt-Priester. Unsere Jahr-Bücher beloben seinen unsträfflich, und Tugend-vollen Wandel, wie auch seine fürtreffliche Wissenschafft, und Erfahrenheit. Hiervon gabe er ein überzeugende Prob, als er Eggonem auf den Costniger Kirchen-Rath begleitete. Denn als den versammelten Vättern eine unleßbare, und frembde Schrifft vorgelegt wurde, lase er selbe mit vieler, und verwunderlicher Fertigkeit. Ubrigens ware dieser Abbt groß, aber hager, langsam in dem Gang, ernsthafft, und vernünfftig, fleißig in Verrichtung deß heiligen Meß-Opfers, und fertig in dem GOttes-Dienst; versahe den Chor mit den besten Büchern, liebte seine Brüder, deren er nur 6. zählete, zärtlich, und hielte seine Unterthanen sehr gelind.

2.
empfanget die Lehen/ und bestättigung ic.

Gleich nach seiner Wahl erhielte Joannes die Einsegnung von Anselmo Bischoffen zu Augspurg den 22. Augusti A. 1416. die Bestättigung der Freyheiten von Martino V. zu Constantz den 24. Aprilis, A. 1418. und von desselben Nachfolger Eugenio IV. den 13. Junij A. 1438. nachdeme er schon vorhero an dem Freytag vor dem Sonntag Lætare von dem Kaiser Sigismundo die Lehen A. 1417. mit gewöhnlichen Gepräng empfangen.

3.
Nebuen Besitz von verschiedenen Pfarreyen.

Die gröste Armuth deß Closters bewegte die bemeldte heiligste Vätter Martinum V. und Eugenium IV. daß sie die Pfarreyen in Attenhausen, Frechenrieden, Haldenwang, Hawangen, Unter-Wolffartzschwenden (anjetzo Niederdorff) dem Gotts-Hause theils Einverleibten, theils die gemachte Einverleibungen bestättigten. Damit ein jeder den damahl armseligen Zustande deß Closters leichter begreiffe, geben wir die Wort Martini V. in seinem zu Florentz gegeben Schreiben:

Exhibita Nobis nuper petitio pro parte dilectorum Filiorum Joannis Abbatis, & Conventus Monasterij in Ottenburren... continebat: quod, licet olim Monasterium ipsum in sua primæva fundatione, nedum structuris, & ædificijs insigne, sed etiam amplo patrimonio dotatum existeret, in tantum etiam, quod inibi XXXX. Monachi, devote famulantes Altissimo congrue sustentari valebant: tamen jam, pro dolor! status ipsius Monasterij eo miserabiliter redactus est, quod structura, & ædificia hujusmodi gravi subjiciantur ruinæ, fructusque, redditus, & proventus ipsius Monasterij tam propter mortalium pestes, ac fructuum sterilitates, quam etiam interpolatas nonnunquam adversus ipsum Monasterium per Nobiles, & armigeros, ipsius Patriæ guerras, aliasque calamitates, partes illas affligentes, adeo diminuti existunt, quod supputatis ipsius Monasterij oneribus, XXXXVI. marcarum argenti puri, secundum communem existimationem, valorem annuum non excedant &c. Joannes nahme auch in folgenden Jahren Besitz davon, und vertreteten die gefürstete Abbten von Kempten Fridericus, und Bilgrinus die Stelle der Päbstlichen Commissarien.

4.
Seine glückliche Regierung

Wegen seinen grossen Thaten, und beglückten Regierung verdienet Joannes den grösten, und verdientesten Prälaten allhiesigen Closters beygezählet zu werden. Massen er sehr viele verpfändete Güter wieder an sich ge-

gelöset, und das erarmte Gotts-Hause fast in den alten Stande gesetzet; ist dahero, wie P. Jacobus Molitor redet, höchstens zu verwundern, daß er bey so betrübten Zeiten, und Zustande sich so reich befunden. Er genosse, wie seine Vorfahrer, und Nachfolger, das Burgerrecht in Memmingen, und wurde von dem benachbarten Adel so wohl, als anderen ein Fürst genennet.

Seine Gesparsamkeit ware eben so groß, als damahlen nothwendig. *5. Gesparsamkeit,* Spielen, Jagen, und andere Eitelkeiten waren ihme unbekannte Namen. Er ritte in eigner Person in seinem Gebiet allein herum, die Gefälle, Zinß, und andere Schulden bey denen Unterthanen einzufodern. Er hatte seinen Schwager Bertholdum, einen sehr vernünfftig, und bescheidenen Mann zum Kellerer. Wenn nun dieser die Ankunfft der Gästen berichtete, pflegte der Abbt sich nach Memmingen zu begeben, weilen er die kostbare Stunden bey den Tafeln verzehren für sehr unanständig hielte; befahle dennoch allezeit, daß man die Gäste nach Gebühr, und Vermögen bediente: dessen sich denn die Brüder zu ihrer Erquickung meisterlich zu gebrauchen wusten.

Seinen Eifer für die Ehre GOttes verkünden annoch der spaten Nach- *6. und Eifer für die Ehre Gottes.* welt unsere 2. grössere Glocken, welche er in Kempten giessen liesse, deren die erste 70. die andere aber 54. Centner haben soll. Unsere Jahr-Bücher bezeugen, das Joannes, um selben einen reineren Ton zu geben, vieles Silber, und Gold beygeleget habe. So wurden auch unter seiner Regierung A. 1528. den 5. Julij 2. Altär zu Ehren der Heil. Annæ, und der Heil. drey Königen in der Capelle der Seligsten Mutter GOttes eingeweyhet.

Nachdeme nun Joannes dem Gottes-Hause getreu, und nutzlich 27. *7. Joannes resigniret, und stirbt.* Jahre vorgestanden, leget er freywillig die Abbteyliche Bürde A. 1443. in b:: Hände der Brüdern ab: zieret aber hernach A. 1446. als ein wahrer Diener Mariæ, die oben besagte Capelle mit verschiedenen, und schönen Gemählden, und erwählet allda seine Grab-Stadt, welche er auch erhalten den 3. Maij A. 1448. Wir schliessen desselben Großthaten mit den Worten Elenbogij: „Auß deme, was wir bißhero gemeldet, erhellet, wie „vieles dieser ehrwürdigste Vatter, und Abbt Joannes Schedler dem Clo-„ster gethan, und genutzet habe; welcher dasselbe mit mehreren Gütern, als „andere, bereichert. Er verdienet fürwahr, daß sein Gedächtnisse in kein „Vergessenheit gesetzet werde, sondern sein Lob die folgende Jahrhundert „verkünden. Denn er würckte in seinem Leben wunderliche Ding, befreye-„te das Closter von den Glaubigern, und setzte selbes in die alte Freyheit. „Da er also dem Gotts-Hause Gutes zu thun niemahlen aufgehöret, so ist „billich, daß wir wenigstens ihne zu beloben niemahlen unterlassen. So „seye denn sein Lob allzeit in unserem Mund, und wir Söhne sollen eines „so verdienten Vatters niemahlen vergessen."

XXXVII.

Jodocus Niderhover wurde eben selbes Jahr, da Joannes wegen hohen *1. Jodocus Niderhover.* Alter die Regierung niederlegte, von den Brüdern erwählet. Seine Mutter die uns benachbarte Reichs-Stadt Memmingen hatte ihme die ehemalige Probstey S. Nicolai vorhero schon übergeben, und ehrete denselben lebenslänglich, als ihren würdigsten Sohne, und Burger.

Vor allen bemühete sich Jodocus die fast zerfallene Clösterliche Zucht, *2. suchet die zerfallene Closter-Zucht wieder herzustellen.* und genauere Beobachtung der heiligen Regeln wieder herzustellen. Denen Layen (zeugen unsere Jahr-Schrifften) stunde der Eingang in die Marianische Capelle offen. Damit die Brüder nun nit dadurch freyen Außgang fündeten, liesse er in dem Gang in der Capelle ein Gitter machen.

Ja er beruffte zwey Mönche von Nürnberg, welche die Reformation allhier einführen, und durch ihren frommen Wandel andere belehren sollten.

3. Deßwegen entstehen neue Unruhe.

Dieses ware nun der Zunder grosser Mißhelligkeiten. Denn die damahlige Brüder wollten sich dem neuen Joch nit unterwerffen, und zwangen endlich den Abbten, daß er die besagte Gäste wieder nach Hauß schickte. Auch die Bauren verstunden die Sach unrecht, und glaubten, wie die Memmingische geschriebene Chronick redet, „Jodocus hätt sein Convent als ge-
„fangen, und wollts nur einschliessen, daß sie die Regel hielten. Dahero
„400. derselben am nächsten Tag nach St. Elisabethen Tag vor dem Closter
„sich versammelten, und das Convent auß der Gefängniß nehmen wollten.
„Sie wurden aber mit liebreichen Worten abgespeiset; ja musten ihren
„Frevel in dem Schabegger (zu unseren Zeiten der Diebs-Thurn genannt)
„in Memmingen büssen.

4. Joannes von Werdnaw begehet nach Kempten.

Diese Zwistigkeiten sind vielleicht die wahre, und einzige Ursach gewesen, das Joannes von Werdnaw Ottobeyren, seine Mutter, verlassen, und in dem Fürstlichen Stifft Kempten die Ruhe gesuchet. Er fande allda mehr, als er gesuchet; indeme A. 1460. seine Tugend mit der Fürstlichen Würde becrönet wurde.

5. Die Strengheit der Fasten und gemilderet.

Wir können hier nit verschweigen, was unsere so wohl, als Memmingische Urkunden auf diese Zeit anmercken. „A. 1447. lesen wir in selben, am
„Freytag nach dem Sonntag Reminiscere ward erlaubet in dem Capitel,
„so die Pfarr-Herrn nach Gewohnheit hielten, daß man füro möchte Milch
„und Schmaltz in der Fasten essen; darum brachte man Päbstliche Briefe
„(man hatte zuvor Oel geessen.)

6. Jodocus erhaltet die Bekräfftigung der Freyheiten/

Jodocus erhielte von Nicolao V. Römischen Pabsten die Bestättigung aller Freyheiten in gewöhnlicher Form: das Breve selbst ist gegeben den 5. Januarij A. 1450. Wenn er aber die Lehen von dem Kaiser empfangen, können wir mit keiner Gewißheit auß Abgang der nöthigen Schrifften bestimmen. Endlich

7. und stirbt.

Nachdeme er 10. Jahre löblich regieret, starbe selber an einem Schlagfluß den 14. Februarij, und wurde in dem Parabeyß, oder gemeinen Begräbniß beygesetzet mit folgender Grabschrifft:

ANNO 1453. SUBLATUS EST DE MEDIO, DEBITUM NATURÆ SOLVENDO VENERABILIS PATER, ET DOMINUS JODOCUS ABBAS HUJUS MONASTERII.

XXXVIII.

1. Betrübter Zustand des Closters in folgenden Jahren.

Wir kommen nun auf jene Zeiten, zu welchen sich Ottobeyren seinem Untergang, und gäntzlichen Umsturtz sehr nahe sahe. Die günstige Himmels-Lichter schienen völlig erloschen zu seyn: die tobende Wellen stürmeten ohne Unterlaß auf selbes; und mangelte es dem fast sinckenden Schiff an keiner Sach mehrer, als an erfahrnen Steuer-Männern. Wird sich dahero der geneigte Leser nit verwunderen, wenn wir folgende Jahre nur kurtz übergehen, und die mehreste Schicksale verschweigen, indeme der Himmel selbsten dieselbe durch einen schwartzen Trauer-Schleyer unseren Augen zu entziehen scheinet.

2. Joannes Grauß.

Gleich den anderen Tage zwar nach dem tödtlichen Hintritt Jodoci wurde erwählet Joannes Grauß ein hochgeachter Ritter von Mindelheim, ein Mann von mittler Leibs Grösse, dessen Seele ein grosse Lieblichkeit, und Eiser GOttes begeisterte.

3. wird nach löblicher Regierung

Alle seine Wercke, so zu unserer Wissenschafft gelanget, erweisen, daß er zum regieren gebohren gewesen. Sein liebreicher Umgang machte ihne bey den Brüdern so wohl, als Unterthanen sehr beliebt. Seine Klugheit spielte jhme in den Rechts-Händeln meistens den Sieg zu. Der gepurpurte Kirchen-Fürst Petrus von Schaumberg bestättigte auf sein Bitte die schon vorhero gemachte Einverleibung der 2. Pfarreyen Altisried, und Frechenrieden A. 1456. den 12 Aprilis: Fridericus IV. Römische Kaiser erneuerte jhme zu Gunsten den Blut-Bann am Mitwochen nach S. Dionysij Tage, nachdeme Se. Majestät selben kurtz vorhero, nämlich am Monntag nach S. Michaëlis-Tage A. 1458. mit den Lehen begnadiget.

Allein diesen Glückes-Lauff hemmeten endlich die unerwartete, und entsetzliche Stürme der Verläumdungen: der unschuldige Abbt wurde grosser Lastern fälschlich beschuldiget; und ob jhm schon der benachbarte Adel (denn er hatte gleich zu Anfang seiner Regierung mit demselben sich in ein Bündniß eingelassen, und von Memmingen abgewendet) einige Hülff zu leisten schiene, in seinem eigenen Closter gefangen, fortgeführet, und der Abbteylichen Würde entsetzet 1460. den 6. Septembris. 4. gewaltsam abgesetzet/

Joannes bekame zu seiner Jährlichen Unterhaltung 200. Gulden, welche er, wo er wollte, ausser dem Closter verzehren kunte. Dieses besuchte er allein wiederum nach seinem Tode, indeme sein entseelter Cörper in der Mutter-Schooß die Ruhestadt nach einem 15. Jährigen Elend gefunden. Die Undanckbarkeit seines Nachfolgers setzte jhme kein Grabschrifft, daß wir also nit wissen, auf was für einer Seiten selber begraben worden. Eine danckbarere Nachkommenschafft wird sich hingegen jederzeit bem Hochfürstlichen Stifft Kempten verpflichtet bekennen, weilen selbes dem vertriebenen Abbten ein Zuflucht-Orth geöffnet, und endlich A. 1475. an dem Fest deß Heil. Innocentij die Augen geschlossen. 5. und stirbt.

XXXIX.

Nach gewaltsamer Absetzung Joannis wurde Wilhelmus von Lustnaw vormahliger Probst zu Roth bey Dinckelspühl, auß dem Closter Hirschau eingedrungen. Dieser ware, wie unsere Jahr-Schrifften reden, ein ansehnlich, lustig, beredter, und scharffsinniger Mann, allen, wenn wir jhne selbsten, und sein anvertrautes Gottes-Hause außnehmen, nutzlich. 1. Wilhelmus von Lustnaw

Er sollte dem bedrangten Closter wieder aufhelffen: allein weilen er entweder als ein Frembder die Vorrechten desselben nit wuste, oder auß Uppigkeit und Liebe eines freyen, und uneingeschränckten Leben nit wollte, sich mit Ernst darum annehmen, so giengen unter jhme die Freyheiten zu Grund, die Felder, Wiesen, Wälder wurden verkauffet, das Dorff Engetried fremden Händen übergeben, die Lehen in eigene Erb-Güter verwandelt, andere vertauschet, und verpfändet, folglich Ottobeyren in den armseligsten Stande gesetzet. Dieses ware die Ursach, das Wilhelmus gleich nach sieben Jahren der Verwaltung in zeitlichen Sachen beraubet, diese den Welt-Leuten übergeben, und so gar die Rechnungen außwärtigen, und frembden musten gewiesen werden. 2. unter dessen Regierung die Rechten/ Güter/

Ein gleiches Elend ware inner den Mauern zu ersehen. Der Abbt erlaubte sich selbsten alles; und die Untergebene masseten sich gleicher Freyheit an, worauß denn die gröste Außschweiffungen erwachsen, ja endlich die allhiesige Professi in verschiedene andere Clöster mit gewaffneter Hand abgeführet, und hingegen von anderen Orten anhero andere berufen worden. 3. und die Closter Zucht in Verfall kommet.

So grossen Ubeln abzuhelffen, vereinigten die Höchste, hohe, und grosse Gönner, und Gutthäter deß erarmten Closters jhre Kräfften. Die gnädigste Bischöfe zu Augspurg Petrus, und Joannes einverleibten die beede Pfarreyen Güntz A. 1466. und Ungerhausen A. 1479. die Abbten von St. Gallen, und Salem suchten theils als Päbstliche Gewalthaber die zwi- 4. Letztlich die gröste Ungleichheit entstehet.

schen dem Convent, und Prälaten entstandene Zwistigkeiten beyzulegen, theils durch vorgestreckte ansehnliche Geld-Summen denen für ihre Mutter sorgfältigen Brüdern unter die Armbe zu greiffen. Sixtus IV. der oberste Kirchen-Hirt bemühete sich selbst den an Seine Heiligkeit gebrachten Rechts-Handel durch Abgeordnete beyzulegen. Allein alle Mühe ware umsonst, und

5. Sirbt. Ward endlich Wilhelmus A. 1473. seiner Würde entsetzet, und brachte 3. Jahre in der Probstey S. Nicolai in Memmingen, und eben so viele in Frechenrieden zu, biß er A. 1479. den 13. Maij sein müheseliges Leben geendet.

6. Der Ursprung der Elderischen Wallfahrt. Unter diesen trüben Wolcken machte doch die Erscheinung deß wahren Regenbogen ein sichere Hoffnung der nachfolgenden Heiterkeit, indeme unsere Elderische Gnaden-Mutter MARIA ihren wunder-vollen Schimmer A. 1466. in unseren Gräntzen ergosse. Weilen von dem Anfang, Wachsthum und Fortpflantzung dieser nunmehro dreyhundert Jährigen Wallfahrt schon mehrere in besonderen Wercken, und zwar erst vor wenigen Jahren geschrieben, beruffen wir uns gantz gern auf diese, und melden allein, das die grosse Andacht zu diesem Gnaden-Bild in den Hertzen einer gantzen Nachbarschafft biß auf unsere Zeiten fürdauere, ja wir erst verflossenen zweyten Julij einen würdigsten Infulierten Kirchen Prälaten das dritte Jahrhundert mit Andächtigster Absingung deß Hochamts nit ohne die größte Auferbauung verhertzlichen gesehen.

Das achte Jahrhundert.

XL.

1. Nicolaus Röslin Abbten Bald nach dem Tode Wilhelmi schritten die damahlige Innhaber deß Closters, welche alle Frembdlinge waren, zu einer neuen Wahl. Allein weilen selbe sich nit vergleichen kunten, und die Wahl deßwegen dem Bischoffen, und denen Abbten von Elchingen, und Wiblingen übergaben, wurde von diesen Nicolaus Röslin Prior in Elchingen zu einem Abbten ernennet.

2. wird Wilhelmus entgegen gesetzet. Die von ihrem Closter vertriebene Brüder versammelten sich hingegen in Isne, und erwählten einmüthig Wilhelmum Steüblin, welcher sich also gleich unter den Schutz der Lucerner begeben, und alda das Burgerrecht erhalten. Diese neue Schutz-Herrn nahmen sich auch deß Erwählten so ernstlich an, daß denen Zwistigkeiten abzuhelffen mehrere Zusammenkünfften zu Constantz, Lindau, Straßburg, und anderen Oertern gehalten worden, und Wilhelmus würcklich von der Kirche Besitz genohmen. Allein alles ware fruchtlos. Dahero dieser endlich in Italien sich geflüchtet, und bey Joanne Bischoffen zu Alba, und der Heil. Röm. Kirche Cardinalen die Ruhe gefunden.

3. Desselben Schicksale. Nicolaus selbsten ward der Regierung A. 1486. entsetzet, und nach Hause verwiesen: doch behielte er den Name eines Abbten von Ottobeyren. Die Verwaltung aber des Closter-Gütern wurde dem Herrn Georgen, und Conrado dem Schreiber aufgetragen, daß sie sollten einnehmen, und außgeben. Also zeuget die Memminger Chronick.

4. Regierung. Das aber Selber wiederum den Gewalt eines Prälaten bekommen, erweisen sattsam die auß dem Gotts-Hauß eigenthumlichen Gütern gemachte Erb-Lehen, und der Blut-Bann, welchen er von Friderico dem Römischen Kaiser A. 1492. erhalten hat. Ubrigens lesen wir von diesem, und dem vorhergehenden Abbten nit, daß sie sich viel wegen Bestättigung der uralten Freyheiten bekümmert hätten.

Et

Er gabe endlichen seinen frommen Geist auf den 24. Novembris besagten Jahres, und wurde in dem Gang gegen Abend begraben mit folgender Schrifft:

5. und Tod.

ANNO MCCCCLXXXXII. VIII. CAL. DECEMB. OBIIT REVERENDUS IN CHRISTO PATER ET DNUS NICOLAUS RÖSLIN ABBAS HUJUS MONASTERII OTTOBURENSIS, CUJUS ANIMA REQUIESCAT IN PACE.

XLI.

Den Monntag nach Conceptionis B. V. Mariæ nach Zeugniß unsers alten Lehen-Buchs in eben ermeldten Jahr wurde Abbt, und Prälat erwählet Matthæus Ackermann von Constantz gebürtig, und sahe also Ottobeyren nach 32. Jahren wieder einen auß ihren Söhnen das Steuer-Ruder führen.

1. Matthæus Abbt.

Seine erste Sorge wendete er dahin, daß die Freyheiten deß GOttshauses auf ein neues durch Päbstlich- und Kaiserliche Bestättigung in Sicherheit gesetzet worden. Er hatte auch das Glücke, seiner Bitte von Friderico, und Maximiliano Kaisern A. 1493. den 26. Martij, und A. 1494. den 25. Aprilis, wie auch von Alexandro VI. dem Römischen Pabsten den 7. Julij deß letzt besagten Jahrs gewähret zu werden.

2. erlanget die Bestättigung der Freyheiten/

Nit minder Gnädig erzeigten sich Se. Majestät Maximilianus gegen unseren Abbten, da dieser um die Erlaubniß in Sontheim, und Schlegelsperg den Zoll, und Weg-Gelt zu mehren, und die Marckt Gerechtigkeit in Ottobeyren unterthänigst ansuchete. In beeden Stücken warb er erhöret und in Ottobeyren 2. Jahr-Märckt, und jeden Donnerstag einen Wochen-Marckt zu halten vergönnet.

3. wie auch die Zoll/ und Marckt Rechten.

Matthæus genoße über daß die höchste Gnade, dem grossen Kaiser Maximiliano die unterthänigste Aufwartung erstlich A. 1496. in Frechenrieden, und das folgende Jahr am Donnerstag vor Viti in den Ringmauern deß Closters machen zu können.

4. Der Kaiser beqvartiret Ottobeyren mit seiner Gegenwart.

A. 1500. liesse dieser Abbt die Capelle zu Memmingen in dem Ottobeyrer-Hauß erbauen, und an dem Fest deß Heil. Udalrici zu Ehre der Heil. Annæ, Alexandri, und Theodori in Anwesenheit eines zahlreichen Volcks einweyhen: stifftete auch ein Caplaney in Eldern, und legte den Grund zu einem neuen Closter Gebäude.

5. Deß Abbten übrige Regierung/

Dieser löblichen Wercke ungeachtet wollen doch unsere Geschicht-Schreiber das Ende Matthæi nit loben, sondern zeugen, daß er A. 1502. in einer gehaltenen Untersuchung wegen verschiedener Verschwendung, und Entfrembdung ansehnlich, und erträglichen Gütern seye genöthiget worden, einen ihme, und dem Closter nachtheiligen Vertrag einzugehen, durch welchen ihme aller Gewalt abgenohmen, und dem Vogt, und Großkellern übertragen worden. Endlichen weilen er den versprochenen Articklen nit aller Dings nachgelebet, und sich mit dem Ober-Vogt, als seinem gesetzten Aufseher nit wohl vergleichen konnte, ist er A. 1508. in dem Monat Januario zur freywilligen Ablegung der Würde beweget, und vier Jahr darnach zur ewigen Ruhe beruffen worden. Sein Grabschrifft ware folgende:

6. und Ende.

ANNO MDXII. IX. KAL. DECEMBRIS NATURÆ CONCESSIT VENERABILIS PATER MATTHÆUS ACKERMANN HUJUS MONASTERII ABBAS. MISERICORDIA DEI VENIAT SUPER EUM.

XLII.

1.
Leonardus Abbt

Nachdeme Matthæus freywillig seine Schultern der Bürde entzogen/ wurde zum Abbten Leonardus Widenmann durch ein Compromissum den 15. Februarij A. 1508. erwählet/ welcher durch seine Großmuth/ Klugheit/ und fürtrefliche Gelehrsamkeit seinem Geburts-Ort/ Schretzen/ einem nahe bey Dillingen gelegenen Dorff grosse Ehre gemachet/ sein anfonst geringen Stammen geadelt/ und sich bey uns ein unsterbliches Gedächtniß verschaffet.

2.
Regierat löblich.

Alle seine Sorgen/ und Gedancken wendete dieser würdigste Prälat auf die Wiederherstellung/ Erhaltung/ und Vermehrung der Freyheiten/ und Privilegien. Er empfieng dahero gleich in dem ersten Jahre die Lehen von dem Kaiser Maximiliano den 7. Aprilis in der Reichs-Stadt Ulm und A. 1521. den 10. Martij in Worms von dem grossen Carolo V. Nahme die Huldigung von den Unterthanen an dem Fest deß Hell. Matthiæ ein/ vertheidigte seine Rechte mit einer unbeweglichen Starckmüthigkeit ; und obschon das Closter unter seiner Regierung viele harte Stösse fühlen muste/ erwiese er doch jederzeit eine verwunderens würdige Klugheit/ und Gegenwart deß Geistes.

3.
Der Kaiser beruffet selben zum Reichs-Tage.

A. 1517. beklagte sich Seine Majestät der Kaiser in einem Schreiben/ daß Leonardus bey der Reichs-Versamnlung nit erschienen/ und ermahnte jhne bey höchster Ungnade/ dem auf den 20. Aprilis abzuhaltenden Reichs-Tage beyzuwohnen. Gleicher massen beruffete selben Carolus V. A. 1522. und befahle/ daß er bey dem Reichs-Tage/ welcher wegen dem Einfall/ und Tyranney der Türcken den 12. Februarij in Nürnberg sollte gehalten werden/ in eigener Person sich einfindete.

4.
Päbstliches Breve.

Das 1523. Jahre machten Seine Päbstliche Helligkeit Clemens VII. durch ein allergnädigstes Breve merckwürdig. Wir setzen einen Außzug hieher :

Dilecte in Domino Fili, tuis justis postulationibus grato annuentes assensu, omnes & singulas libertates, immunitates, & gratias a Romanis Pontificibus, Prædecessoribus nostris, sive Privilegia, & alia indulta tibi, & eidem Monasterio concessa, nec non libertates, & exemptiones sæcularium exactionum a Regibus, & Principibus, ac alijs Christi Fidelibus tibi, & dicto Monasterio specialiter indultas ; specialiter autem terras, agros, hortos, domos, prata, pascua, sylvas, nemora, aquas, aquarum decursus, nec non in Behen, & Under-Wolfarzschwenden villis Parochialium Ecclesiarum eidem Monasterio unitarum ponendi, & amovendi Vicarios auctoritatem, ac in Habenwang, Attenhusen, Günz, & Ungerhausen Parochiales Ecclesias, dudum etiam dicto Monasterio de consensu tunc Episcopi, Decani, & Capituli Ecclesiæ Augustensis, perpetuo unitas, annexas, & incorporatas, aliorumque beneficiorum collationem, grangias, possessiones, census, jurisdictiones, aliaque mobilia, & immobilia bona ad te, & Monasterium prædictum spectantia, & ratione prædictarum Ecclesiarum Parochialium unitarum, sicut ea omnia juste, & pacifice possides, tibi, & per te eidem Monasterio auctoritate Apostolica confirmamus, & præsentis scripti patrocinio communimus.

5.
Die Erlaubnis Fleisch zu essen.

Auf dieses Breve folgte noch selbes Jahre die Erlaubniß/ woburch denen Gottes-Häusern deß Ordens S. Benedicti an gewiesen Tägen der Wochen Fleisch zu essen gestattet wurde. Die Ursachen/ welche Jhro Helligkeit dazu bewogen/ sind folgende/ wie Laurentius Cardinal der 4. gecrönten Martyrer in seinem beßwegen erlassenen Schreiben bezeuget ; 1. Der sich in vielen Clöstern äufferende Mangel der Fasten-Speisen. 2. Weilen

durch

hierdurch die tauglichste Männer von dem Eintritt in die Clöster abgeschrecket wurden, und also z. offt unfähige zu den Würden musten befordert werden mit nit geringer Gefahr der Seelen, und Schaden der Clösterlichen Zucht.

Eben so gnädig erzeigte sich gegen uns Seine Majestät Carolus V. in deme Höchst dieselbe am letzten Tag deß Monats Septembris A. 1524. alle, und jegliche Gnaden, Freyheiten, Recht, Briefe, Privilegien, Hand-vesten, und Begabungen, die dem Closter von Römischen Kaisern, ihren Vorfahrern, und Königen ꝛc. sind gegeben worden, allergnädigst bestättiget, bevestet, und erneueret haben.

6. Kaiserliche Bestättigung der Freyheiten.

So grosses Ansehen die Tugend Leonardo bey den höchsten Häuptern der Kirche, und deß Reichs zuzohe: so wenig vermögte bey den harten, und durch den falschen Schimmer der Evangelischen Freyheit verblendeten Hertzen der Unterthanen desselben Milde, und Gütigkeit, ob selbe schon fast mit Nachtheil deß Gotts-Hauses freygebig, ja einiger massen verschwenderisch ware. Der gute Abbt muste sich, wegen allgemeiner Empörung der Untergebenen A. 1525. nach Ulm flüchten. Das zuruck verbliebene Convent suchte zwar durch einige annoch getreue Abgeordnete die Unruhen zu stillen: allein muste auch dieses endlichen die Sicherheit anderswo, nämlichen in der Schweitz, und Bayern suchen, indeme die Rebellen das Closter vollkommen eingenommen haben. „Die Aufrührer, schreibet Casparus Kindelman ein beaugter Zeug, „haben alles Korn, welches ohn„gefähr biß in die 2500. Malter deß Memminger Masse gewesen, einge„zo„hen, hinweggeführt, und zertheilet; den Wein aber, was sie nit getrun„cken, in dem Keller ohne einigen Nutzen lauffen lassen: darzu allen Hauß „Rath, Bett-Gewand, Küche, und ander Hauß-Geschirr, Kirchen-„Ornat, Bildnissen, und Altär geplündert, alle Getäfer, Stuben, und „Gemächer, Decken, Boden-Bretter abgebrochen, und überhaupt die „Kirche, und allen Einfang deß Gotts-Hauses dermassen verwüstet, „und verheeret, daß es ohne gar verbrennen, übler nit geschleiffet werden „mögen; auch ein jeder von dem Boden biß unter das Tach ungehindert „einig's Unterfangs sehen kunte." Ja die ungestimme Bauern, wie Ludwig Sauter nachmaliger Mesner in Eldern bezeuget, welcher als ein Junger Gesell dabey selbsten gewesen, legten dreymahlen Feuer an, welches aber ohne menschliche Hülffe, und Zuthun, ohne Zweifel auß Göttlicher Allmacht allein, in ihme selbst gedämmet, verloschen, und also ohne Brunst verblieben. Ein armer Söldner von Sontheim war so frech, und leichtfertig, daß er sich für den Abbt aufgeworffen, die Abbtey eingenommen, darinnen geessen, getruncken, geschlaffen; Etliche andere musten als Cammer-Diener ihme aufwarten; er trug die Prälaten-Schlüssel offentlich an seiner Gürtel, und liesse sich einen Gnädigen Herrn nennen. Dieser Affter-Prälat empfienge alle Nacht die Thor-Schlüssel, hielte täglich Gastereyen, und wollten nunmehro die Bauern auf einmahl gebietende Herrn werden. Unter dieser saubern Regierung wurden die Kirchen gestürmet, die Altär zerrissen, die schönste Sargen, deren dahmalen sieben von Helffenbein, und anderer kostbaren Materie verschiedene Leiber auß der Gesellschafft der Heil. Ursulæ bewahreten, eröffnet, und beraubet; die heilige Gebeiner verstreuet, und mit Füssen getretten, also daß man nichts mehr unterscheiden könnte. Was sie von Briefen, Privilegien, Büchern, und Schrifften bekommen, haben selbe Hauffen-weiß in den Wannen auf dem Hof zusamen getragen, und verbrennet unter grossem Jubel, und besonderen frolocken, verhoffende, sie wurden hierdurch ihrer Renten, Gülten, Zehenden, und anderer Schuldigkeiten gäntzlich befreyet werden.

7. Bauern Aufruhr

P Allein

8. wird gedämmet.	Allein die Dapferkeit Georgij Truchseß von Waldburg zernichtete die süsse Hofnung dieser neuen Welt bezwingern, und nöthigte selbe nach einer grossen Niederlag die ungewohnte Waffen mit den angebohrnen Dreschflegeln, Sicheln, und Sensen zu vertauschen, und anstatt deß sauren Blut-Bads ihren Schweiß für Anbauung deß Feldes zu sparen.
9. Leonardus haltet gegen die Aufrührer;	Der unbändige Muthwillen der Aufrührer wurde zwar hernach mit einiger Schatzung, und Strafe beleget: doch ist davon dem Gotts-Hause kein Nutze gefolget, sondern zur Mit-Hülffe deß allgemeinen Kriegs-Unkosten verwendet worden, daß also Leonardus den erlittenen Schaden allein tragen muste. Ja seine Milde ware so übermässig, daß er, als die Bunds-Genossene wegen dem gemachten Aufwand, zugefügten Schaden, und deßwegen habenden Foderung rede, und antwort A. 1532. begehrten, sich großmüthig entschlossen, allen Unkosten, und Bekräncktung, so er von den rebellischen Unterthanen erlitten, gnädiglich fallen zu lassen.
10. und Gottseligkeit/ indeme er die Kirche herstellet/	Unter den vielen Tugenden dieses fürtreflichen Prälaten verdienet besonderes Lob seine unvergleichliche Gottseligkeit. Der fromme, großmüthige, und weise Abbt, schreibet P. Christianus Franz, so fast zu eben diesen Zeiten gelebet, liesse gleich nach gestillter Aufruhr die niedergerissene, und zusamgefallene Gebäude wieder aufrichten, und außbesseren. Vor allen aber befahle er die Kirche, den oberen Chor, sambt dem Gewölb, und einem Theil deß Schlaff-Hauses, die für die Bediente, und Gäste nothwendige Wohnungen wiederherzustellen. Hingegen begnügte er sich mit seinem schlechten, und armen Zimmer, welches über daß von den Bauern sehr übel zugerichtet war, und wollte selbes, als lang er noch lebte, niemahlen verlassen.
11. Jahr-Täge anfanget/	Schon vorhero A. 1517. hatte er mit Einstimmung deß Capitels verordnet, daß an den Quatembern der Fasten, Pfingsten, und Creutz-Erhöhung für die Gutthäter Jahr-Täge, sollten gehalten werden; auch wenn eines Professi Eltern, Brüder oder Schwestern sterbeten, ein jeder Priester ein heiliges Meß-Opffer für die abgeleibte Seele aufopferte.
12. Bitt-Gänge verordnet/	Als in dem Jahr 1530. in der Nachbarschafft, besonders aber in dem Marcktflecken die leydige Seuche wütete, und immer anwachsete, gefiele dem frommen Hirten, um Abwendung derley Ubel einige Bitt-Gänge der Geistlichkeit so wohl, als dem Volck anzubefehlen, nach welchen man beobachtet, daß auß besonderer erbarmniß GOttes die erschröckliche Strafe nachgelassen habe. Dahero ist beschlossen worden, jährlich einen Bitt-Gang an dem Pfingst-Mittwoch zu unserer Gnaden-Mutter in Elderen anzustellen.
13. Die Closterfrauen aufnihmet.	Sein Vatter Hertz wurde auch sehr gerühret durch das Elend der auß ihrer Vatter-Stadt vertriebenen Memmingischen Closter Frauen. Dahero er diese Christliche Amazonen liebreich aufgenohmen, die Elderische Capelle eingeraumet, ein Hauß dabey für ihre Wohnung erbauen lassen, darinnen selbe auch so lang verblieben, biß daß der siegreiche Kaiser die Ordens-Personen in ihre Häuser und Kirchen wieder eingesetzet hat.
14. Gerechtigkeit Liebe.	Nach dem schädlichen Bauern-Krieg nahmen die frevel sehr über-Hand; und wurde dadurch Leonardus veranlasset, die Befreyung von fremden Gerichten, und nöthige Macht, ein Gericht, und Straf-Ordnung einzuführen, bey dem Kaiser zu suchen. Der allergnädigste Monarch vergünstigte ihme beedes in dem A. 1536. den 10. Februarij zu Neapel gegebenen Rescript, oder Brief wegen dem ehrbar, geistlichen, und ordentlichen Leben, und Frumkeit deß Abbten ꝛc.

Der spaten Nachkommenschafft an dem benöthigten Vorsehung zu thun, oder vielleicht weilen er sein annahendes Schicksale vorsahe, und sich also ein Zuflucht-Ort bereiten wollte, kauffte er viele Güter, und Häuser in Süpplingen und Immenstaad.

15. Flüchtigkeit

Vor allen aber verdienet jenes lobwürdigste Wercke angerühmet zu werden, welches obschon Leonardus nur angefangen, und wegen allzu grossen Hindernissen nit hat vollbringen können, doch seinen Name bey der gelehrten Welt verewigen wird. „Unter seiner Regierung (wie geben davon die Wort unserer Chronick) „haben etliche fromme, verständige, „und Gottselige Herrn Prælaten S. Benedicti Ordens, um denen auß der „Unwissenheit erwachsenden schädlichen Folgen abzuhelffen für ihre jünge„re Fratres ein allgemeine Schul, oder Academiam in dem würdigen „GOtts-Hauß Ottenbeyren zu errichten, und mit gelehrten Professoren, „und Lectoren zu versehen einhelliglich beschlossen, auch die nöthige Geld-„Summen zum Gebäu, und Unterhaltung der Lehrer und Lehrenden dar„gegeben. Die Abbten, so an diesem löblichen Werck theil nahmen, wa„ren folgende: Kempten, Ochsenhausen, Zwifalten, Weingarten, El„chingen, Irsee, Wiblingen, Donauwerth, Ottenbeyren. Von gedach„tem Geld wurde A. 1542. das Ritter-Hauß für die Schulen, und Woh„nungen der Schulern inwendig fast neu erbauet, 4. unterschiedliche Stu„ben gemacht, der Gang auf S. Michaëlis-Chor, allwo sie die Geistliche „Tag-Zeiten betteten, und Messe höreten, bereitet. Die Herrn Præla„ten von Kempten, und Ottobeyren warden Directores, und Aufseher, „Einnehmer, und Außgeber. Die Professores waren folgende; nämlich „Doctor Georgius Camerius, M. Joannes Gaza, welcher wegen Erfah„renheit der Sprachen berühmt, und allhier gestorben, M. Joannes Epp, „M. Jacobus Rabus, M. Michaël Dornvogel. Diesen folgten A. 1543. „die ehrwürdige PP. Priores von Zwifalten, und Blaubeuren, M. Joannes „Saliectus, M. Jacobus Ginzer, und P. Lucas Prell ein Franciscauer, und „fürtreflicher Prediger. His itaque Professoribus, fahret unser P. Christianus Franz fort, der den gantzen Hergang mit Augen gesehen, Reverendissimus Princeps Campidonensis Wolfgangus a Grienenstain optimus Studiosorum Patronus ex suo mittit Collegio 4. simul Fratres religiosos, ac nobiles scilicet Fridericum a Thierperg, Georgium Baronem a Gravenegg, qui post obitum præfati Dni Abbatis in locum ejus successit, Stephanum a Roth, & Christophorum a Freyberg. Ex Conventu deinde nostro R. P. Casparus in Studiosorum Præfectum eligitur; nec non duo Sacerdotes, duoque Diaconi cum 4. Professis idem Gymnasium frequentant, R. P. Nicolao Elenbog eandem Scholam, disputandi gratia, singulis septimanis repetente. Hinc R. D. Abbas ex Irsin duos quoque Religiosos mittit, quorum alter F. Thomas postea in Abbatem electus est: Obiit plenus dierum A. 1596. Ochsenhusanus duos, Weingartensis duos cum duobus Patricijs juvenibus optimæ indolis, & morigeris: Zwifaltensis duos: Abbas Werdeæ unum, qui deinde Abbatis munus adeptus est; Wiblingensis unum, qui postea etiam Abbas creatur. Auß welchem denn abzunehmen, wie hertzliche Früchten diese Academie in einer kurtzen Zeit hervorgebracht. A. 1545. wurde der Musen-Sitz nach Elchingen übersetzet, weilen die Lebens-Mittel schwerlich allhier zu bekommen, hingegen hatten die Elchinger Ulm an der Hand, und kunte alles gar bequem auf der Donau zugefürt werden. Als auch allda keine Sicherheit wegen dem Außbruch der Schmalkaldischen Unruhen ware, musten die Musen in Dillingen ihre Ruhestadt suchen, und erwachsete also

16. Ein offentliche Schul wird errichtet.

auß der allhier angefangenen die annoch mit grösten Nutzen deß Vatterlands blühende offentliche Schule.

17. Die Schmalkaldische Unruhen.

Da A. 1546. die Schmalkaldische Bündniß einen offentlichen Krieg verursachte, leydete unser Gotts-Hause durch Plünderungen, Hinwegnehmung der geflüchteten Kostbarkeiten, und Kirchen-Schätze, grosse Brandschatzungen mehrer, als wir mit der Feder außdrucken können.

18. Leonardus stirbt.

Leonardus hatte sich indessen nach Süpplingen begeben; allein kunte er wohl dem blancken Schwerdt deß Feinds, nit aber der Sense deß Todes entfliehen. Denn als er alldorten die schwere, und unleydentliche Schaden seines geliebten Ottobeyren beweinende, in eine Traurigkeit verfallen, und sich nach einer kurtzen Unpäßlichkeit die Ader den 15. Novembris A. 1546. schlagen lassen, ist er alldorten in unserem Hause noch selben Tag in GOtt seliglich verschieden, und in dem Chor der Pfarr-Kirchen begraben worden, nachdeme er fast 39. Jahr löblichst regieret. Drey Jahre vor seinem Tode hatte er Casparum Kindelman als Coadjutorem, und Vicarium Schwachheit halber bestellet, und angenohmen, welcher seinem verstorbenen Guttthäter durch Abhaltung einer feyerlichen Besingnisse, Errichtung einer von Bruschio verfertigten Grabschrifft, und endlich durch Stifftung eines Jahr-Tages, welcher in Süpplingen auf St. Othmars-Tage mit drey Heil. Messen, und Abbettung der Vigil solle gehalten werden, sein danckbares Gemüthe bezeuget.

19. Nicolaus Elenbog.

Bevor wir die Historie dieses Abbten beschlüssen, müssen wir kürtzlich seines fürtreflichen Manns gedencken, welcher unter desselben beglückten Regierung allhier gelebet. Dieser ist Nicolaus Elenbogius, so gebohren in der Reichs-Stadt Biberach A. 1481. allhier Profeß A. 1505. und endlich gestorben A. 1543. ein Mann einer immerwährenden Lesung, und unvergleichlichen Gelehrtheit. Sein Name ist der gelehrten Welt schon satsam auß den Schrifften deß berühmten Mabillonij, und seinen eigenen in die Colbertinische Bücherey übersetzte Send-Schreiben bekannt. Seine Tugend, und Verdiensten wird Ottobeyren niemahlen genugsam loben können, weilen selbes an ihme einen sorgfältigen Hauß-Meister, eiferigen Beförderer der Wissenschafften, genauesten Zeit-Rechner, demüthigen Ordens-Mann, und exemplarischen Oberen hatte.

XLIII.

1. Caspari Abkunft.

Casparus Kindelman, welchen, wie wir erst gemeldet, der Gottselige Leonardus zu seinem Gehülffen, und Nachfolger mit Einstimmung der Brüdern erkiesen, betrettete die grosse Schau-Bühne dieser Welt zu Stege auf der Mühle, welche in der Pfarrey Wetzikon in dem Grüninger Amt deß Zürcher Gebiets gelegen, fast auß keiner anderen Ursach, als daß er selbe gleich wieder verlassete. Massen er als ein Knab nach dem schon öffters belobten Stifft St. Gallen geschickt, und in das Noviciat aufgenohmen worden. Die Unruhen, welche die Abänderung der Religion erreget, die Gottes-Häuser, und Ordens-Personen in höchste Gefahr deß Todes, oder der Verweisung gesetzet, trieben ihne auß seinem Vatterland, und führte die Fürsichtigkeit GOttes den flüchtigen nach Ottobeyren, allwo er von seinem Vorfahrer zur Profession zugelassen wurde.

2. Ehren-Stellen.

Wir wurden deß Homeri Iliadem in ein Nuß-schale einzuschlüssen suchen, wenn wir Caspari Lob in diesen wenigen Blätern außzubrucken gedencketen. Noch als ein Ordens-Neuling machte er Riesen Schritt in erlehrnung der schönen Wissenschafften unter Anleitung deß gelehrten Elenbogij. Seine Tugend beförderte selben zu der Würde eines Priesters A. 1536. bald hernach zu dem Amt eines Kellerers, und endlich A. 1542.

zu der wichtigen Ehren-Stuffe eines Aufsehers der allhier versammelten jungen Religiosen, und errichteten Academie. Nachdeme er nun viele Proben seiner besonderen Geschicklichkeit, Klugheit, und Gottes-Furcht gegeben, folgte er Leonardo in der Abbteylichen Würde, da er schon vorhero das Amt eines Coadjutoris, oder Gehülffen löblichst verwaltet.

Gleich bey dem Antritt seiner Regierung empfienge er die Lehen von Carolo V. und hernach in verschiedenen Jahren von Ferdinando I. und Maximiliano II. Römischen Kaisern, also, daß ihme der Blut-Bann auch in Altisried, und Rumelshausen ertheilet wurde. Höchst besagte Monarchen bestättigten auch die Privilegien, und Freyheiten, besonders das Recht, das Umgelt von denen Würthen einzuziehen.

3. Belehnung.

Wir haben schon oben der Schmalkaldischen Unruhen Erwehnung gethan. Diese wurden unter der Regierung Caspari fortgesetzet, und muste deßwegen dieser getreue Hirt bald seine anvertraute Heerde nit ohne größtes Hertzen-Leyd verlassen. Was das Gotts-Hauß indessen gelitten, beschreibet P. Christianus Franz also: „A. 1551. schickten die der „Schmalkaldischen Bündniß beypflichtende Fürsten 30. Reutter anhero, „welche mehr zum Raub, als Streitt gerüstet, und geschworne Feinde der „Mönche waren. Diese verschonten niemand, und war ihr gemeine Sprach: „Wir geben niemand nichts, wir lassen niemand nichts, wir „thun niemand nichts. Sie überfielen die Weiler, Dörffer, und Clö- „ster mit einer unerhörten Wuth, auß Begierde zu Rauben, und alles „unter über sich zu kehren. Gleich den anderen Tage wurde den Brüdern „angekündet, das, wenn sie nit binnen 8. Tägen 6000. Gulden bezahle- „ten, sollte das Closter in einen Aschen-Hauffen verkehret werden. Der „vertriebene Abbt entlehnte diese Summe von dem edlen Herrn Georgio „von Rechberg, grossen Gönner der Ordens-Geistlichen, und liesse selbe „den Beut-begierigen außtheilen, damit sowohl dem Gotts-Hause, als „Unterthanen verschonet wurde. Die Bibel deß Luthers, und andere „verführerische Bücher wurden denen Brüdern aufgedrungen, zu- „gleich der Gebrauch der Heil. Messe, das Chor-Gesang, und Gebeth, „die Todten-Vigil, und andere Gottselige Wercke untersagt. Ja sie „musten sich endlich verbünden, daß sie sich davon enthalten, und niemahl „wieder verrichten wollten: und waren dahero genöthiget, in den Gruff- „ten bey verschleyerten Fenstern, und ohne Glocken-Klang von Pfingsten „an biß auf das Fest der Heil. Afræ dem Gottes-Dienst abzuwarten. „Der Urheber aller dieser Ubeln ware Doctor Bruck, welcher zur gerechten „Strafe seiner Lastern zu Gottha gefangen, und auf Befehl Caroli V. „enthauptet worden."

4. Höchst betrübte Zeiten.

Diese Ubel vermehrte die gählinge Brunst, welche den 10. Decembris A. 1565. das Hof-Gebäude, da der fromme Abbt zur Ruhe sich begeben, um die zehend, oder eilffte Nacht-Stund gäntzlich einäscherte. Dieses Schau-Spiel ware deßwegen erschröcklicher, weilen das Wasser wegen übermässiger Kälte alsobald gefrierte: und muste man müssig die angenehme, und mit schöner Bildhauer Arbeit geschmuckte Wohnung, die mit kostbaren, und zahlreichen Reliquien so prächtig gezierte Capelle, daß kaum ein gleiches Wercke in anderen Clöstern gefunden worden, binnen vier Stunden armselig verbrennen sehen.

5. Brunst.

Bey so verwirrten, und fast verzweifelten Zustande der Sachen ware billich zu bewundern Caspari Großmuth, Stärcke, Beständigkeit, und Vertrauen auf GOtt, indeme er dieser wiedrigen Zufälle ungeachtet viele groß-

6. Caspari großmuth.

grosse Wercke außgeführt, an welche ein anderer zu den Glücks-Zeiten kaum gedencken wurde. Denn

7.
Gebäude.
Er erbauete fast von Grund auf die Kirche, zierte selbe mit einer Orgel, mit geschnitzelten Stühlen, und Tabernackeln der 6. Altären, und deß allerheiligsten Geheimniß, und liesse sie A. 1558. den 21. Septembris durch Ottonem Truchsäß von Waldburg der Heil. Röm. Kirche Cardinal Priestern, und Bischoffen zu Augspurg einweyhen. Seine Wercke waren die 2. vollkommen hergestellte Thürne, die 2. mittere Glocken, der Gang, und Sommer Speiß-Sale, 2. Häuser für die Krancke, und Gäste, die Zehendstädel in Attenhausen, Behen, und Günz, 3. Mühlen, nämlich die obere, und untere in Ottobeyren, und die Riedmühle in Beningen, der Thurn in Frechenrieden, die Mauer um den Freithof, die Capelle S. Sebastiani, und endlich die wiederhergestellte Abbtey.

8.
Neue Güter/
Überdas hat er die Einkünfften deß Closters mit Erkauffung neuer Reben A. 1563. und A. 1564. letztlich A. 1565. mit anderen Gütern vermehret.

9.
Seine Frömmigkeit/
P. Christianus erhebet mit besonderen Lob-Sprüchen dessen Frömmigkeit. „Dieser Abbt (sind desselben Wort) hatte sein gantzes Leben hin-
„durch einen herrlichen Namen wegen Reinigkeit deß Glauben, Gerechtig-
„keit, Andacht, unschuldigen Wandel, außnehmender Gastfreygebigkeit,
„und besonders wegen seiner Frömmigkeit. Wo er immer ware, befliße
„er sich, daß er dem Allerhöchsten das schuldige, und gewöhnliche Ge-
„beth abstattete. Das heiligste Meß-Opfer unterliesse er niemahlen,
„wenn nit ihne die Kranckheiten, oder wichtig, und nothwendigste Ge-
„schäffte hinderten. Er ließ auch die kleinere silberne Sarg, so ein künst-
„liches Werck ist, verfertigen, in welche er sehr viele Gebeiner auß der Ge-
„sellschafft der Heil. Ursulæ verschlossen. Diesem Schatz legte Marquardus
„Bischoff zu Augspurg gnädigst bey A. 1578. ein gantzes Haupt auß be-
„sagter Gesellschafft, einen Theil von den Gebeinern der Heil. Mariæ Mag-
„dalenæ, und einen anderen von dem Heil. Vitale Martyrer.

10.
Liebreiche Art/
In seiner Regierung gebrauchte er sich der schönsten Bescheidenheit, Lieblichkeit, und Sanfftmuth, weilen er wohl wuste, daß selbe nit allein ein lobwürdige Tugend, sondern gleichsam die Oberin der übrigen Tugenden wäre. Dahero hatte er ein grosses Abscheuen ab allem Hochmuth, und stoltzen Gebärden: kein Schatten einer Eigensinnigkeit ware in ihme zu ersehen; und welches ein Meisterstuck ist, vermengte er die Milde mit der Ernsthafftigkeit, also, daß keine der anderen etwas benehmete. Seine Mit-Brüder hielte er sehr ehrlich, und sorgte, daß sie Gottseligst lebten; vierzehen auß ihnen unterhielte er nach und nach in Dillingen mit nit geringen Kosten, damit sie nit minder in den Wissenschafften, als Frömmigkeit sich übeten. Einen schickte er nach Freyburg, den anderen nach Elchingen, bevor die Academie in Dillingen von dem Cardinalen errichtet wurde.

11.
übriges Lob/
Sein übriges Lob hat P. David Aicheler in diesen außdrucken verfasset: „Was Caspari Person betrifft, ware er klein dem Leib nach, aber groß in „seinen Wercken; gegen die Seinige ernsthafft mit einer untermischten Ge-
„lassenheit: gegen Fremde nach unterschied deß Stands nit minder höf-
„lich, als seiner Würde eingedenck; bey allen wegen Ehrbarkeit deß Ange-
„sichts, und Sitten beliebt. Wenn ihme etwas in einem Freund, oder
„Mit-Bruder mißfiele, verbeissete er es lang, und kunte man nit leicht
„den Verdruß an ihme mercken, als bißweilen auß Verläugnung der Zei-
„chen der vorigen Neigung; welches er doch so zu verdecken wuste, daß
„man glaubete, er thäte dieses auß gantz anderen Ursachen, nit aber auß
„einigem Verdruß. Denen, so auf Neuerungen gedenckten, wiche er
„nie-

„niemahlen; dahero er nit kunte dahin beredet werden, daß er jemahlen
„denen außgedienten Kaiserlichen Soldaten auf einige Weiß eine Pfrundt
„zusagte; denn er ware großmüthig, in dem Gebeth wachsam, gegen die
„Arme gütig, denen, so Hülffe suchten, geneigt. Indessen ware er so ver-
„schwiegen, daß er selten einem seine Geheimnissen entdeckete: dahero
„kaum jemand sein Absehen, und Fürhaben wissen kunte. Alle Nacht
„stunde er von dem Bett auf, die Tag-Zeiten zu bethen. Jede Sonn-
„und Feyertäge wohnte er der Metten, Amt, Vesper, und Complet bey,
„und trancke viele Jahr an dem Freytag keinen Wein, biß endlich dieses
„Gelübd durch die Schwachheit deß Magen, und fremde Fürsorg geho-
„ben wurde. Er war ein Vatter 21. Mönchen, das ist, er nahme von
„ihnen die Closter Gelübde als Prälat ab.

  Diese grosse Tugenden zohen Casparo die grosse Hochachtung der höch- *12. grosses Ansehen,*
sten Häuptern der Kirche, und deß Reichs zu. Dahero ihne Pius IV. nach
Wiblingen A. 1561. und Ferdinandus der Römische König A. 1555. nach
Elchingen zur Visitation beruffen. Der würdigste Cardinal, und Bischoff
zu Augspurg Otto truge ihme die hohe Würde eines Weyh-Bischoffen an,
welche aber der Abbt auß Demuth sich abgebetten; ja dieser grosse Kirchen-
Prälat würdigte sich A. 1551. die gantze Fasten-Zeit hier in andächtigen Übungen zuzubringen, und die geringe erwiesene Dienst durch Danck-
sagung, und Gnaden den 28. Aprilis zu ersetzen.

  Endlich nach sehr vielen Arbeiten, und 37. Jähriger höchst löblichen *13. Todt,*
Regierung überfiele den frommen Greisen ein Catharr, und Enge der
Brust. Obwohlen die Aertzte alle nur ersinnliche Mittel anwendeten den
einer Ewigkeit würdigsten Abbten zu erhalten, thaten doch diese die erwünschte Würckung nit, und nahmen die Kräfften immerdar ab. Dahero, schreibet P. Aicheler, „nachdeme selber den 4. Januarij A. 1584. die
„Tag-Zeiten gebettet, und die heilige Sacramenten empfangen, über-
„gienge er in der eilfften Stund der folgenden Nacht, da wir eben die Met-
„ten anfangen sollten auß diesem armseligen zu dem glückseligen Leben in
„dem 72. Jahre seines Alters, Jesum mit den drey Weisen nit mehr wei-
„nend in der Krippe, sondern regierend in dem Himmel anzubethen, da-
„mit er mit Freuden einschneidete, was er mit Thränen gesäet hatte.

  „Wir, fahret P. David fort, befanden uns darbey, als dieser so from- *14. Begräbnüße.*
„me, und liebe Vatter durch die Trennung der Seele von dem Leib verschie-
„he, und vermischten unser Gebeth mit häuffigen Thränen. Wegen dem
„einfallenden Fest der Erscheinung haben wir den entseelten Cörper nit
„gleich begraben, sondern erst den folgenden Donnerstag kleideten wir
„den Leichnam mit der Flockkutten, dero sich Leonardus gebrauchet, wie
„der erblaste befohlen hatte, und trugen selben, in einer höltzernen Sarg
„verschlossen mit Zähren auß der Abbtey in das Capitel. Indessen haben
„wir die Hof-Bediente mit Traur-Mänteln bekleidet, und Thomam Abb-
„ten zu Irsee, wie auch Balthasarum Spital-Meister in Memmingen be-
„ruffen, dessen Conventual Joannes Briechle die Leich-Rede gehalten über
„die Wort: Der HErr hat sein Volck mit einer tieffen Wunden
„geschlagen, und den Hochseligen Abbten Salomoni in der Weißheit
„Glücke, Gerechtigkeit, und Gebäuden verglichen. Drey Aemter wur-
„den abgesungen, und das letzte zwar von besagten Abbten, der den Ver-
„storbenen auch begraben hat. Den dritten Tag dünstete der Cörper, ob
„er schon Fett, und Feist ware, nit allein kein üblen Geruch auß, sondern
„ware vielmehr eine Annehmlichkeit zu bemercken: welches fünff auß uns
„bezeugen können, die wir den ehrwürdigen Cörper berühret, und

„geküsset haben, da wir die in Zinn außgedruckte Grabschrifft auf die Sarg
„legten. Diese lautet also :

ANNO DEI 1584. 4 JANUARII MORITUR REVERENDUS IN
CHRISTO P. AC DNUS CASPARUS KINDELMAN 37. ANNIS
HUJUS MONASTERII ABBAS, STATURA BREVIS, VITÆ RA-
TIONE MAGNUS, DEO DEVOTUS, OMNIBUS CHARUS;
SUBDITIS GRATUS, CULTUS DIVINI AMPLIFICATOR, TEM-
PLORUM RESTAURATOR, MORUM INTEGERRIMORUM EX-
EMPLAR.

„Erst den vierten Tag, das ist, an dem Samstag wurde der Leichnam
„vor dem Altar der Seligsten Jungfrau in einer mit Ziegel-steiner umbgebe-
„nen Grube beygesetzet, und die Erde darauf hineingeworffen auf Befehl
„P. Petri Schmid Prioris, obwohlen wir wiedersprachen, und verlangten,
„daß der ehrwürdige Cörper mit einem Gewölb bedecket wurde, um selben
„länger für unsere Andacht unversehrt zu erhalten." Fast gleiches Lob
legen Casparo bey P. Christianus Franz, und P. Georgius Baumhawer,
auß welchem P. Gallus Sandholzer also schliesset: „auß diesem können wir
„leicht erkennen, in was grosser Hochachtung, und Ruf der Heiligkeit die-
„ser Abbt Casparus gewesen seye.

Nach einigen Jahren wurde sein Bildniß in Stein eingehauen, und in
die Mauer gestellet. In dem oberen, und unteren Theil desselben waren
folgende Verse zu lesen:

    Casparus Præsul, cui Kindelmannius olim
      Nomen erat, cubat hic, Spiritus axe regit.
    Hic sacer evasit factis præstantibus. Annis
      Triginta septem stabile munus obit.
    Hoc duce Cœnobium, destructum turbine belli,
      Jam floret, monstrant id monumenta novas;
    Doctrinæque fuit cultor, virtutis amator,
      Justitiæ servans, integer, atque gravis,
    Sobrius, & prudens, humilis, castusque, benignus,
      Hospitibus largus, pauperibus facilis.

15.
Fromme Or-
dens Geistli-
che.

Ubrigens verdienen bey der späten Nachwelt ein ewiges Angedenken
P. Georgius Albrecht, P. Conradus Schweizer, und Joannes Gretter
von Baint, drey wahre, und würdige Söhne dieses Gottseligen Vatter.
Der erste wurde Abbt deß Gottshauß Füssen A. 1556. ernennet, brachte
dahin den Gebrauch der Bischöflichen Ehren-Zeichen, und starbe A. 1560.
Der zweyte führte die bißhero vertriebene, und A. 1549. nach Memmingen zuruckkehrende Closterfrauen in ihre alte Wohnungen, und Rechte
ein: verdiente auch in sorgfältig, und erbaulicher Verwaltung deß Amts
eines Prioris, das ihme die danckbare Brüder nachstehende Grabschrifft
verfertigten:

QUI SIBI COMMISSOS MULTIS FELICITER ANNIS
  FRATERNO FRATRES REXIT AMORE PRIOR
CONRADUS, TANDEM HIC POST ULTIMA FATA QUIESCIT;
  FUNDE PRECES, PIETAS UT JUBET IPSA: VALE.

Der letzte ware allhier Choralis, oder Togat, und verewigte seinen Namen
durch seinen glückseligsten Tode, dessen Stund ihme der heilige Schutz-
Engel

Engel vorhero geoffenbaret. Diesem zufolge gienge er zu der Englischen Gesellschafft ab um die fünffte Stund Abends A. 1578.

Das neunte Jahrhundert.

XLIV.

Wir beurtheilen auß dem Aufgang der Sonne insgemein das Wetter deß zukünfftigen Tages: und auß der Weiß, durch welche Gallus Memminger zur Abbteylichen Würde gelanget, hätte man können weißsagen, wie seine Regierung seyn wurde. Denn die Wahl ware wunderlich, und auß vielen Ursachen verdächtig. Allein ist eben unser Fürhaben nit, hierinn ein Urtheil zu sprechen: wir geben kürtzlich seine Thaten. Ochsenhausen erzeugte diesen Abbten A. 1535. Ottobeyren sahe ihne A. 1555. die Gelübde ablegen, und hatte selben zum Castner, und Großkeller; die Stimme P. Petri Schmidt, dessen wir oben gedacht, übergabe ihme den 1. Februarij A. 1584. den Abbten-Stab.

1. Galli Memminger

Er empfienge noch selbes Jahre von dem Kaiser Rudolpho II. die Lehen, und Bestättigung der Privilegien, erbauete das Rath-Hauß und Closter-Mühle allhier, vollbrachte den Bau der Capelle S. Sebastiani, zierte den Creutz-Gang mit Mahlereyen, und brachte an sich das Leben deß Heil. Vatters Benedicti von Georgio einem Mahler in Dillingen.

2. Löbliche

Hingegen verkauffte er 620. Jauchart in unterschiedlichen Waldungen, 1400. Aichen, 1000. Tannen, das Niebers, andere Höfe, und Zehenden. Als er einstens seine Erfahrenheit auch in dem Einkauffen zeigen wollte, ward befunden, daß er mehr als den dritten Theil um das erkauffte zu viel gegeben, und hatten seine Nachfolger die Ehre die Zinsen, und letztlich die Haupt-Summe zubezahlen. Diese üble Würthschafft, und noch andere Ursachen gaben Gelegenheit, das Ottobeyren innerhalb wenig Jahren 9. oder 10. Bischöfliche Visitationes sahe, ja sehr grosse Übel außzustehen hatte, welche unseren Geschicht-Schreibern viele Seufftzer außgepresset.

3. und untöbliche Thaten.

Die Himmels-Lichter sehen wir niemahlen, als wenn die Nacht mit ihrem schwartzen Schleyer die Reichthum, und Schätze der Erde verdecket. Auch die Tugenden Galli fielen niemahlen so klar in die Augen, als nachdeme er sich in die Einsamkeit begeben, und die Abbteyliche Würde in dem Monat Decembri A. 1599. freywillig niedergeleget. Er nahme insgemein sein Speiß auß Liebe der Einsamkeit ohne Gast in seinem Zimmer, wohnte alle Sonn, und Fest-Täge der Vesper mit den Brüdern bey, lase alle Tag in seiner Hauß-Capelle die heilige Meß; und kan man nit sagen, wie viel er täglich gebettet habe. Jährlich empfieng er von seinem Nachfolger 100. Gulden, welche er seinen armen Befreundten geschencket, oder sonst nutzlich angewendet. A. 1605. ist jhme ein Geschwär an der rechten Brust gewachsen, welches jhme erstlich unsägliche Schmertzen verursachet, und ein gantzes Jahr hindurch genugsame Gelegenheit gegeben, seine heldenmüthige Gedult zu zeigen, endlich aber den bitteren Tode zugezohen. Sein erblaster Leichnam wurde mit folgendem in Bley eingeschnittenen Lob-Spruch begraben.

4. Frommes Ende.

REVERENDUS, ET PIUS PATER AC DNUS D. GALLUS ECCLESIÆ HUJUS OTTENBURENSIS ABBAS NASCITUR IN OCHSENHAUSEN ANNO CHRISTI 1535. PROFESSIONEM FACIT HIC 1555. CONSECRATUR SACERDOS 1559. ELIGITUR ABBAS 1584. RESIGNAT ABBATIAM 1599. DIE S. SYLVESTRI PAPÆ, ET CONFESSORIS. MORITUR V. CAL. OCTOBR. MDCVI.

MDCVI. CIRCA HORAM PRIMAM MATUTINAM, CUJUS ANIMA IN SANCTISSIMA PACE REQUIESCAT.

5. Gelehrte Männer. Unter den vornehmen, und gelehrten Männern, deren zu diesen Zeiten Ottobeyren mehrere ernährete, thaten sich vor andern herfür P. David Aicheler, und P. Christianus Franz. Jener hat sich um unseren Chor durch geschriebene sehr zierliche Bücher, um die Histori durch seine genaue Zeit-Rechnung, um die Wissenschafften durch die schönste Einrichtung unsers Büchersals, und seinem verfertigten Catalogo vorangesetzte Vorrede, welche von vielen fremden Gelehrten belobet, und zum abschreiben ist verlanget worden, höchstens verdient gemachet. A. 1514. wurde er als Administrator, oder Verwalter nach Füssen beruffen, welchem Last er sehr ungern, und allein auß Gehorsam den 7. Februarij seine Schultern unterjochet. Seine so wohl in dem Zeit-als Geistlichen gesammelte Verdienste beschreibet er selbsten, daß er nämlich die Anzahl deß Convents, und der Priester vermehret, die Sitten nach Vorschrifft deß Clösterlichen Lebens eingerichtet, die sehr beschädigte Kirche deß Heil. Magni erneuert, den Chor erweiteret, das Pflaster verbesseret, viele Bücher gekauffet. Allein auß erheblichen Ursachen legte er nach 2. Jahren die Verwaltung ab, und kehrte den 5. Januarij A. 1577. wieder nach Hauß. A. 1588. wurde er auf Verlangen Seiner Durchleucht Wilhelmi Hertzogen in Bayern dem berühmten Gotts-Hauß Andechs als Abbt vorgesetzet, und regierte allda 8. Jahr mit besonderem Lob, biß er endlich A. 1696. seinen Gottselig, und verdienst-vollen Geist in die Hände seines Schöpfers aufgegeben. Sein grosses Lob beschliesset der Poet deß bemelten Closters mit folgenden Versen:

Ottobura Virum dat nomine, & omine David ;
Hic annis octo rexit ut octo bene.

P. Christianus ein gebohrner Ottobeyrer hat bey uns seinen Namen durch nutzliche, und zur Historie gehörige Anmerckungen merckwürdig gemacht. Er vertrate auf dem Heil. Berg das Amt eines Prioris, und ward von dorten nach Füssen als Helffer geschicket, allwo er in einem hohen Alter A. 1599. gestorben.

XLV.

1. Alexander Abbt Nach geschehener Resignation deß Abbten Galli ward zur Wahl eines neuen Prælaten der 25te Januarij bestimmet, und durch die Mehrheit der Stimmen die Abbteyliche Jnful Alexandro Sauter von Überlingen, welcher 4. Jahre vorhero zur Prälatur in Andechs beruffen worden, übertragen. Dieser weigerte sich gar sehr, vorgebende, seine Kräfften seyen dem allzugrossen Schulden-Last nit gewachsen, und könne er ohne Erlaubniß der Durchleuchtigsten Hertzogen in Bayern in die Wahl nit einwilligen. Endlichen durch vieles Bitten der Brüdern, und zureden der hohen Gästen bezwungen, entschlosse er sich seiner Mutter als ein frommer Sohne anzunehmen, und als ein gehorsamer Jacob mit einer jhme so nahe verbundenen Braut sich zu vermählen.

2. erhaltet die Entlassung von denen Hertzogen in Bayern, Drey Tage hernach reißte der neu Erwählte auf den Heil. Berg, und von dannen nacher München, allda Jhro Durchleucht um die Gnädigste Erlaubniß, von der vorigen Abbtey in die jetzige sich begeben zu därffen, anzusuchen, welche gerechte, und unterthänigste Bitte auf das Fürwort deß Bischöflichen Gesandten mildest erhöret worden; ob sich schon die von Andechs durch ein überreichte Bitt-Schrifft sehr entgegen-setzten, und den um jhr Closter best verdienten Alexandrum nit entlassen wollten. Hierauf verfügte sich dieser gen Augspurg, allda bestättiget, und eingesegnet

net zu werden. Als dieses geschehen, kehrte er nach Hauß, und wurde mit vieler Freude empfangen.

Er nahme sich ernstlich um die Regierung an, und begehrte gleich daß erste Jahr von dem Kaiser Rudolpho II. die Lehen, und Bestättigung der Privilegien, und Freyheiten, welche er auch erhalten. Nit minder glücklich ware derselbe, da er die Zernichtung der Verträge und Schrifften, durch welche Gallus Abbt den Zehenden in Egg verkauffet und andere rechte deß Gotts-Hauses vergeben, durch seine angebohrne Geschicklichkeit, und Hülffe guter Freunden außgewürcket.

Der besondere Eifer, und unglaubliche Standhafftigkeit, mit welcher dieser Abbt die Rechten, und Freyheiten deß Gottes-Hauses verthädiget, verdienet bey der gantzen Nachkommenschafft ein ewiges Angedencken. Er fienge der erste an, daß durch die Sorglosigkeit, oder Unwissenheit einiger seiner Vorfahrern hart bedruckte Ottobeyren wieder in die alte, und von Römischen Päbsten, und Kaisern von Zeit zu Zeit bestättigte Freyheit zu setzen. Er ware hierzu von der Natur selbsten mit einer besonderen Klugheit tauglich gemachet: gebrauchte sich doch allezeit, und in allen Zufällen der erfahrnesten Rechts-Gelehrten, deren Fleiß, und tieffe Einsicht auß den vielen abgefaßten, und annoch zu findenden Schrifften erscheinet.

A. 1607. hat der Bischoff von Aichstädt unseren P. Jacobum Petri einen gebohrnen Mindelheimer, und damahligen Sub-Priorem zur Abbtey, samt noch einem anderen Patre, der Hauß-Würthschafft, und Zucht in dem Closter Blanckstetten wiederum aufzuhelffen, verlanget. Unser Abbt, und Convent willigten nit allein mit gewissen Bedingnissen in das Begehren, sondern schickten nachmahlen mehrere dahin, nämlich P. Hieronymum Linder, und P. Gallum Sandholzer, welche beede Priores, P. Vitalem Schmidner, welcher Sub-Prior, und P. Felicem Rotweil, so Custos, und Kellerer in besagtem Gotts-Hause gewesen.

Durch die hertzhaffte verthädigung unserer Rechten zohe sich Alexander die Ungnade seiner hohen, und mächtigen Gegnern, ja unbeschreibliche Ungemach zu, welche endlich selben vermöget, daß er freywillig die so beschwärliche, und mühevolle Verwaltung nach 12. Jahren A. 1612. niederlegte. Seine Lebens-Täge erstreckte er hierauf noch biß in das Jahr 1633. in welchem er den 2. Martij zu den mehreren abgegangen, und unter seinem Vorfahrer bey dem Altar S. Joannis auf der Mittag Seite begraben worden.

XLVI.

Als hierauf den 18. Aprilis A. 1612. die Wahl eines neuen Abbten in Gegenwart deß Herrn Vicarij Generalis, und Weyh-Bischoffen, der Herrn Prælaten von Elchingen, und Irsee angestellt worden, muste die Regierung Gregorius Reybi von Sonthofen gebürtig, ein gelehrt, und eiferiger, behertzter, weitaußsehender, und beredter Mann, übernehmen, welcher alsobald bestättiget, und den anderen Tage eingesegnet worden.

Er nahme sich nachdrucklich um die Regierung an, erhielte folgendes Jahr von Matthia, hernach von Ferdinando II. Römischen Kaisern die Lehen, und A. 1520. die Erneuerung aller Privilegien samt dem Titul eines Kaiserlichen Raths, und liesse mehrere Befehl zum Nutzen der Unterthanen ergehen. Durch diese wurden selbe angehalten, denen Nachbarn in Verfolgung deß liederlichen Lumpen-Gesindels beyzustehen, und sich mit ihnen zu vereinigen. Die Waisen-Gelter dürfften nit von denen Trägern durch gefährliche Außleihung, hinläßige Verzinsung, oder auf andere Weiß und Wege verkürtzet werden ꝛc.

Sein Eifer für Handhabung der Vorrechten ware eben so groß, als jener seines Vorfahrers. Er setzte demnach den angefangenen Rechts-Handel nach allen Kräfften fort. Und als A. 1616. der Zoll zu Sontheim angefochten wurde, nahme er seine Zuflucht zu dem geheiligten Thron Seiner Kaiserlichen Majestät, und suchte um Mittel an, die Strasse zu erhalten : wodurch die Erhöhung deß Zolls und Weggelts erlanget worden.

3. Schützet die Rechten,

Vor allen machte den Name Gregorij bey der gelehrten Welt unsterblich jene Mühe und Sorgfalt, mit welcher er den Anfang der Salzburgischen Academie befördert. Kaum hatte er das Absehen, und gnädigste Gesinnen deß würdigsten Oberhaupts dieses Ertz-Stiffts verstanden, als auf seinen Befehl P.Sylvanus Hertzog die Stelle eines Rectoris zu vertreten, P. Josephus Burger die sittliche Gottsgelehrtheit, P. Albertus Keuslin die Welt-Weißheit, P. Andreas Vogt die Redekunst, P. Christophorus Custos die Dichtkunst, und P. Benedictus Heß die unterste Schulen der Grammatick zu lehren, A. 1617. dahin sich begaben. Er selbsten, als erster Præses, unterliesse nichts, was er zur Verewigung dieses heylsamsten Wercks nutzlich zu seyn erachtete. Dahero wurden allhier, und zu Augspurg bey St. Ulrich versammlungen gehalten, und Briefe gewechselt, worinnen andere Herrn Prælaten zu der höchst rühmlichen Bündniß eingeladen worden. Indessen klagten sowohl die Lehrer, als Schuler über die unbescheidenheit deß Rectoris : deßwegen dieser, nämlich P. Sylvanus Hertzog nach Hauß beruffen, und besagtes Amt P. Alberto A. 1622. übertragen worden, welcher gleich mit GOttes Gnad, und Hülff dem gefährlichen Außsehen der Universität ein besseres Gesicht gegeben, das Schul-Wesen, Collegium, und Convict in Flor gebracht, auch jedermann genügen geleistet. Der abgesetzte Sylvanus hingegen verkehrte sich in eine Viper, und versetzte durch sein vergifftes Zischen seiner Mutter eine fast tödtliche Wunde. Von dem Fortgang dieser allgemeinen Schule ist das mehrere in der Salzburgischen Historie PP. Francisci, und Pauli Mezger zu ersehen.

4. befördert die offentliche Schule zu Salzburg,

A. 1623. erlangte dieser Abbt durch Vermittelung R. P. Francisci Challato zu St. Blasi in dem Schwartzwald Professi drey heilige Leiber nämlich der Heil. Blut-Zeugen Mauri, Januarij, und Pontiani, deren das Römische Marter-Buch den ersten, sechsten, und 25. Augusti gedencket. Diese wurden folgendes Jahre mit aller Feyerlichkeit übersetzet.

5. vermehret die Anzahl der Heil. Reliquien,

Ubrigens brache unter Regierung Gregorij die offentliche Kriegs-Flamme in Böhmen A. 1620. auß, welche ihne veranlasset, daß er die Unterthanen in den Waffen zu üben befohlen. Zu dieser stosseten die immerwährende Rechts-Streitt, und endlich die innerliche Zwistigkeiten. Als ihme nun deßwegen ein sehr nachtheiliger Entschluß A. 1628. aufgeburdet wurde, wollte er lieber die Abbtey verlassen, als etwas denen Rechten seines Closters schädliches zulassen. Brachte also seine übrige Jahre in Einsamkeit zu, und endete sein Leben in dem Elend durch einen unvermutheten Tode A. 1637. den 16. Septembris bey den Herrn Wengen in Ulm. Sein Leichnam lieget begraben in dem Gotts-Hause Wiblingen mit folgender Grabschrifft.

6. resigniert/ und stirbt.

PIIS MANIBUS
REV. DD. GREGORII REUBI ABBATIS OTTOBURANI
XLVI.
OB VINDICATAM MONASTERII LIBERTATEM,
RESTITUTUM DISCIPLINÆ RIGOREM,
POSITA UNIVERSITATIS SALISBURGENSIS FUNDAMENTA,

ET

ET ALIA OPERA
MERITISSIMI,
POSUERUNT
GRATA POSTERITAS
BENEDICTUS ABBAS, ET CONVENTUS OTTOBURANUS.
1682.

Ehe daß Gregorius den Regierungs-Last ablegte, wurde Jacobus Petri, deſſen wir unter dem Abbten Andrea n. 5. gedacht haben, in die Ewigkeit abgeruffen. Sein weitläuffiges Lob hat das danckbare Blanckſtetten verfaſſet, und PL Rev. P. Wilibaldus Schreiner alldaſiger Prior A. 1735. uns überſchicket. Wir melden nur, daß er viele neue, und fürtreſliche Gebäude zum Nutzen deß Cloſters aufgeführet. Das übrige kan auß nachſtehender Grabſchrifft abgenohmen werden.

7. Lob Jacobi Petri.

SISTE GRADUM, VIATOR!
HIC JACET JACOBUS PETRI MONACHUM BENEDICTINÆ
DISCIPLINÆ IN MONASTERIO OTTOPURANO PROFESSUS,
IN ABBATEM POSTULATUS HUC VENIT XVII. JULII A. C. CIↃ
IↃC. VII. OBIIT QUINQUAGENARIO MAJOR. XXV. MAIJ CIↃ
IↃC. XXVII. PRÆFUIT, ET PROFUIT HUIC LOCO ANNIS XX.
J, LICET, VIATOR! ET BENE PRECARE M. M. VEL HODIE
SEQUUTURE.

Dieſem ware ſchon A. 1619. durch einen allzufruhezeitigen Tode vorgegangen P. Gallus Sandholzer, deſſen Angedencken billich bey allen unſeren Nachkömmlingen immerwährend ſeyn ſolle, weilen er mit einem unermüdeten Fleiß auß unſeren erſten, und älteſten Urkunden eine allgemeine Chronick zuſam getragen. Seine Tugend, und Gemüths-Gaben machten ihne zu allen Aemtern tauglich. Dahero er nach getragener Würde eines Küchen, Korn, und Keller-Meiſters von dem Abbten Alexandro Prior ernennet worden eben zu jenen Zeiten, da bey dieſer Stelle ſo viel Klug- und Beſcheidenheit, als Unerſchrockenheit vonnöthen ware. Gleich hierauf wurde dieſer beſt verdiente Mann auf erſuchen unſers Herrn Ordinarij nacher Füſſen in S. Magni Cloſter geſchicket, allda Adminiſtrator, oder Verwalter in Abweſenheit deß Prälaten zu ſeyn. Weilen er aber allda wenig außrichtete, und allhier ſo wohl, als in Blanckſtetten reiche Erndte zu hoffen, kehrte er bald zuruck, und beſchloſſe ſein arbeitſames Leben, nachdeme er 29. Jahre zuvor nämlich A. 1590. allhier die feyerliche Gelübde abgelegt hatte.

8. und P. Galli Sandholzer.

XLVII.

Andreas Vogt von Marckdorff vormahliger Lehrer der Redkunſt, ſittlicher Gottesgelehrtheit, und Geiſtlichen Rechten ward durch die Mehrheit der Stimmen das Steuer-Ruder zu ergreiffen genöthiget. Seine groſſe Tugenden, Erfahrenheit, und Verdienſte, welche er ſich als Prior zu Hauß, und nachmahlen bey St. Peter in Saltzburg geſammelt, beſeelten aller Hertze mit der ſüſſen Hofnung, daß ſo viele Jahr durch die immeranhaltende Stürme herumgetriebne Ottobeyren werde endlich den erwünſchten Port der Ruhe erreichen. Allein

1. Andreas Vogt

Dieſe wurde durch die höchſt betrübte, und verwirrte Zeiten zernichtet. Gleich bey dem Antritt ſeiner Regierung fiengen an die Kriegs-Läuff, Beſchwerden, Brandſchatzungen, Durchzüge, Quartier, Theurung, Hunger, böſe Seuchen völlig einzureiſſen. Dieſe Ubel wachſeten von Tag zu Tag,

2. der betrübten Zeiten ungeachtet

und

und wurden der Muthwillen der Soldaten, die Zufuhren, und Foderungen der Lebens-Mitteln so unerträglich, daß endlich dadurch auch das Horn Amaltheæ wurde außgeschöpfet worden seyn.

3. unternohmne viel rühmliches;

Dennoch wurde die grosse Seele Andreæ nit gehinderet, an Großthaten zu gedencken. Er betriebe, so viel er konte, das Saltzburgische Schul-Wesen; ließ alle und jede Unterthanen aufzeichnen, sich huldigen, und die Kriegs-Beschwernissen gemeinschafftlich tragen; brachte die Steuer Eintheilung in ein bessere Ordnung; und truge, so viel ihme möglich, alles zu Errichtung einer damahl entworffenen Congregation bey. Ja als Henricus Bischoff zu Augspurg daß wieder eroberte Closter Lorch mit Ordens-Männern zu bevölckern gedenckte, muste von hier P. Ernestus Gaßner gewester Novitzen-Meister, Sub Prior, und Prior die Reiß dahin antretten, welchem aber der Himmel eine bessere Cron anstatt der Inful noch selbes Jahr 1630. den 21. Decembris ertheilet.

4. Flucht/

Endlichen als das Schwedische Heer unseren Gräntzen sich A. 1632. näherte, flohe Andreas erstlich nach Kempten, und von dannen nach Lindau. Die übrige Patres suchten ihre Sicherheit in Saltzburg, und wurden in verschiedene Clöster in Steyermarckt, und Bayern vertheilet.

5. und Todt.

Allein da dieser Abbt dem Feinde zu entgehen suchet, wird er von einem mächtigeren, nämlich dem Ungarischen Fieber überfallen, und binnen 12. Tagen A. 1633. den 5ten Martij verzehret. Dem Vatter folgte in die ewige Ruhe-Stadt drey Tage hernach der Sohne P Placidus Kybler, so denselben in der Flucht begleitete. Sein Grab, welches das berühmte Gotts-Hause Mehrerau bereitet, hat unser Abbt Benedictus mit nachgesetzter Schrifft gezieret:

REV. ET AMPL. ANDREÆ VOGT MONATERII OTTO-BURANI ABBATI XLVII. SED UNO TANTUM LUSTRO, QUI A SUECICO BELLO EXUL, ANNO 1633. LINDAVIÆ MORTUUS, IN PACE REQUIEVIT, HIC TUMULATO HOC MONUMENTUM POSUIT GRATA, ET PIA POSTERITAS BENEDICTUS ABBAS, JACOBUS PRIOR, ET CONVENTUS OTTOBURANUS A. 1680.

XLVIII.

1. Maurus Abbt

Weilen die mehreste Brüder, wie wir oben n. 4. gemeldet, in verschiedenen Ländern vertheilet waren, kunte die Wahl eines neuen Prälaten nit ehender vorgenommen werden, biß daß die Abwesende an dem bestimmten Ort eintraffen. Sie kamen endlichen in einem Würthshauß der Stadt Füssen A. 1633. den 12. Aprilis zusamen, und wurde der Regierungs-Last P. Mauro Schmid von Gmündt aufgeburdet, welchen dieser fast 23. Jahre getragen, ohne daß er jemahlen der Ruhe genosse.

2. lehret noch langem Elend zuruck/

Er suchte zwar als ein guter, und unerschrockener Hirt, bey seiner Heerde wenigstens immer nahe zu seyn, weilen ihme den Aufenthalt in dem Closter die damahlige Unruhen verbothen. Allein nachdeme er von den Schwedischen Trouppen überfallen, und in verhafft genohmen worden, setzte er endlich seine Person durch die Flucht in Sicherheit, biß ihme die anscheinende Ruhe A. 1640. zuruckzukehren erlaubete.

3. und wird eingesegnet.

Dieses günstigen Augenblicks gebrauchte sich Maurus, und wurde hierauf Romanus Fürst zu Kempten allhier mit ihme an dem Sonntag Cantate feyerlich eingesegnet, weilen von diesem Stifft weder ein Kirche, noch Ornat mehr übrig ware.

Vor-

Vorhero waren schon einige vertriebene Patres zur Mutter Schooß zu-
ruck gekehret, wie P. Jacobus Molitor in folgenden außdrucken zeuget: „A. 1640. nachdeme ich 7. Jahre in Michaelbeyren das Amt eines Prioris
„verwaltet, bin ich nach Hauß beruffen, und an dem Fest deß Heil. Joan-
„nis Chrysostomi die Stelle eines Oberen zu übernehmen, und die Clöster-
„liche Zucht zu besorgen geheissen worden. PP. Petrus Kymicher, Vita-
„lis Bauman, Jeremias Mayr stunden den Pfarreyen Hawangen, Fre-
„chenrieden, und Ottobeyren vor: P. Romanus Troilus ware Kuchen-
„Meister, und Pfarrer in Beningen zugleich. Der Abbt verwaltete so
„wohl die Haußwürthschafft als die Gerechtigkeit ohne Cantzler.

Die vertriebene Patres kehren nach Hauß; 4.

Diese Ruhe dauerte nit lang; massen die bald hierauf erfolgte Zuruck-
kunfft der Feinde alle wieder verjagte. P. Felix Pfeffer vormahliger Lehrer
der Redekunst, und Welt-Weißheit in Saltzburg wurde gar gefangen,
und endlich nach Bezahlung 300. Gulden wieder frey gelassen. Ubrigens
kan unsere Feder jene unzahlbare Bedrangnissen nit beschreiben, welche zu
diesen Zeiten das erarmte Closter bedrucket.

Kirchen auf ein neues. 5.

A. 1645. ladete Ihro Kaiserliche Majestät den Abbt Maurum, gleich-
wie andere Reichs-Stände, nacher Münster zu den Friedens Tractaten ein;
und wurde dahero der Herr Costantzische Vice-Cantzler Doctor Köberlin
erbetten, die Geschäffte unsers Gotts-Hauses bey denen vorhabenden
Handlungen zu besorgen.

der Friede von Münster. 6.

A. 1648. wurde zwar der Friede geschlossen; doch gienge für Ottobey-
ren erst in dem 1650. Jahre die Sonne der Ruhe auf. Maurus dahero
beruffte die Abwesende, und zerstreuete Patres nach Hauß, nahme, weilen
18. Jahre kein Noviziat allhier gewesen, wiederum Neuling auf, erneuerte
die Marckt-Ordnung, hielte die Unterthanen zur Gottes-Furcht an, ver-
thädigte hertzhafft die Rechten deß Closters, und erfüllte alle Pflichten
eines grossen Abbten.

Die übrige Thaten. 7.

Das 1655. Jahr entrisse uns diesen würdigen Prälaten, indeme er den
2ten Decembris das Zeitliche segnete, und in unser Kirche vor dem Altar
der Seligsten Jungfrau beygesetzet wurde. In dem Grabstein ware fol-
gende Schrifft eingehauen.

und Tode dieses Abbten. 8.

ANNO MDCLV. 2do DECEMBRIS, ÆTATIS 72. REGIMINIS 23. OBIIT
REV. ET AMPL. DNUS D. MAURUS FABER MONASTERII HUJUS ABBAS.

    Hic Maurus placida sub saxo morte quiescit,
        Qui rexit Sueco Marte furente domum.
    Cujus protexit minitantem sæpe ruinam,
        Et faciem Ascesi reddidit ipse novam.
    Posteritas huic sera quidem, sed grata laborum
        Pro meritis tantis hæc monumenta locat.

Unter Regierung dieses Abbten haben wir nebst anderen zwey grosse,
und eines ewigen angedencken würdigste Männer verlohren. Der erste
ware P. Sebastianus Röher, welcher nach A. 1613. abgelegten Gelübden
als Prior, und Sub-Prior die Clösterliche Zucht durch sein höchst auferr-
bauliches Leben beförderet. Als er nachmalen Doctor Theologiæ, &
SS Canonum in Saltzburg geworden, lehrte er allborten von A. 1620. biß
1640. mit nit minderen Lob, als Nutzen. Die Academie truge ihme we-
gen seinen Verdiensten die Rectors Würde, und Theologische Cantzel wie-
derum an; allein er schluge beedes auß, und widmete seine letzte Jahre
der Seel-Sorge in Beningen, biß er den 28. Octobris A. 1650. an der
Pest seinen unschuldig, und Tugend-vollen Geist aufgegeben, und als ein
wah-

Lob P. Sebastiani Röher. 9.

wahres Opfer der Liebe deß Nächsten gestorben; obwohlen er annoch in seinen zahlreichen Theologischen, Philosophischen, Geistreichen, und Historischen Schrifften lebet.

10. und P. Joannes Mayr. Der andere, nämlich P. Joannes Mayr ein gebohrner Mindelheimer, und allhier A. 1602. Profeß, verdienet gleiches Lob, weilen er zur Zeit deß Schwedischen Kriegs niemahlen Ottobeyren verlassen, die herumliegende Pfarreyen mit unermüdetem Eifer durchloffen, und für das Seelen-Heyl unbeschreibliche Müh und Arbeit auf sich genohmen. Wenn die Gefahr gar zu groß ware, verbarge er sich in den Hölen, Wäldern, oder benachbarten Oertern, wachete Tag und Nacht für seine Mutter, und gabe dem abwesenden Abbten von allen Vorfallenheiten Nachricht. Er endete sein verdienst-volles Leben den 2. Februarij A. 1654.

XLIX.

1. Petrus Kymicher. Petrus Kymicher zu Landsperg A. 1609. gebohren, wurde allhier zur Clösterlichen Profession A. 1627. zugelassen, und zum Königlichen Priesterthum A. 1635. erhoben. Er machte in den Tugenden, und Wissenschafften so grossen Fortgang, daß frühzeitig ihme die Seel-Sorge aufgetragen, und endlich das gantze Haußwesen anvertrauet worden. Seine Erfahrenheit, und ungemeine GOttesfurcht bahnete ihme den Wege zur Abbteylichen Würde, mit welcher seine Verdienste den 15. Januarij A. 1656. belohnet worden.

2. Regiert weißlich. Gleich nach der Wahl nahme sich dieser Abbt mit allem ernst der Regierung an. Die genaue Beschreibung aller Fisch-Wasser, Höltzern, Wälder, und gantzen Ottobeyrischen Forst ware sein erste Arbeit. Er selbst verzeichnete A. 1659. alle Privilegien, Bestättigungen, Belehnungen von der Stifftung an biß auf seine Zeit, über daß die von seinen Vorfahrer übernohmene Schulden, und was er daran bezahlet, und abgelöset, nebst anderen Rechnungen; und brachte A. 1665. durch seine Geschicklichkeit zuwegen, das Ottobeyren von der Schuldigkeit eines Beytrages zum Türcken-Krieg auf dem Reichs-Tage zu Regensburg frey gesprochen wurde.

3. befördert die Gottesforcht. Die Flüsse, wenn selbe auß ihrem Ufer tretten, erfüllen die Wiesen, und Felder mit häuffigen Sand, und Unflat. Feindliche Armeen, wenn sie die Länder überschwemmen, lassen insgemein nichts als verderbte Sitten zuruck. Dieses erprobten unsere Unterthanen, unter welchen zur Zeit deß 30. Jährigen Kriegs allerhand Laster eingewurtzelt, so aber der Eifer Petri durch scharffe Befehl gäntzlich außzureiten suchte.

4. und Wissenschafften. Die Wissenschafften liebte er sonderlich, und schickte dahero nit wenige der seinigen auf offentliche Schulen; ja richtete den Musen zu Hauß selbst einen Wohnsitz auf.

5. Sein gottseliger Tode. Nach diesen, und anderen herrlichen Thaten wurde dieser fromme Praelat mit einem Steck-Catharr befallen, und durch seinen Gottseligen Tode von der Erde in den Himmel übersetzet, wie folgende Grabschrifft belehret:

ANNO MDCLXXII. MARTII 15. ÆTATIS 63. REGIMINIS 17. OBIIT REV. ET AMPL. DNUS D. PETRUS KIMMICHER MONASTERII HUJUS ABBAS.

PETRUS SUB PETRA HAC, OLIM DIGNISSIMUS ABBAS;
UTILIS IS CLAUSTRO PER TRIA LUSTRA FUIT.

DEBITA DIMINUIT, PROVENTUS PERVIGIL AUXIT,
REXIT ET INSIGNI DEXTERITATE SUOS,
LAUDES HINC SUMMAS, TITULOS, NOMENQUE JUBENTUR
SAXA LOQUI TANTI NON MORITURA VIRI.

Gleich bey dem Anfang der Regierung Petri hatte der unmenschliche Tode Ottobeyren eine der grösten Zierden, nämlich Albertum Keuslin geraubet, welchen Kempten gezeuget A. 1591. Ottobeyren seinen Söhnen A. 1608. beygezehlet, Salzburg als den ersten Lehrer der Welt-Weißheit, zweyten Rectorem der Academie, und endlich als Abbten bey S. Peter geehret. Sein Lob haben weitläufftig PP. Franciscus, und Paulus Mezger beschrieben Hist. Salisburg. L. 5. c. 33. wie mittheilen allein den Innhalt. Albertus besorgete die Clösterliche Zucht, gienge allen mit seinem Beyspiel vor, indeme er der erste zur Mette in der Nacht aufstunde, beförderte die Verehrung der Heiligen, bereicherte den Kirchen-Schatz, ward hochgeschätzt von dem damahligen Ertz-Bischoffen, und erster Præses der Salzburgischen Congregation ernennet, besetzte die Universitæt mit erfahrnesten Lehrern, erbaute, und erfüllte die Bücherey mit erkaufften Büchern, liebte die Gelehrte, und ihre Ubungen. Besonderes Lob zohe sich dieser unvergleichliche Prälat zu durch seine unglaubliche Freygebigkeit gegen die vertriebene Ordens-Geistliche, unter welchen nit wenige von seinen geliebten Ottobeyrern waren: fühlete doch dabey augenscheinlich den Göttlichen Segen, und vermehrte die Güter seines anvertrauten Gotts-Hauses, biß er endlich von einer gählingen Kranckheit überfallen, nach empfangenen heiligsten Sacramenten, mit einer heldenmüthigen Standhafftigkeit zu dem Tode sich bereitet, und folgendes Lob mit sich unter die Erde getragen:

6. Grosses Lob Alberti Keuslin.

STA VIATOR, ET LEGE.
SUB HOC MARMORE QUIESCIT
ALBERTUS III.
HUJUS ASCETERII ABBAS
LXX.
XXX. ANNIS ET VIII. MENSIBUS
COMMUNI BONO PRÆFUIT, ET PROFUIT
SUORUM COLUMEN,
LITERARUM MECÆNAS,
PAUPERUM PATER,
DEPOSUIT ONUS FESSUS ATLAS
III. JANUARII A. MDCLVII. ÆTATIS SUÆ FERE LXVI.
ANIMAM DEO, SUI MEMORIAM POSTERIS,
CORPUS HIC TERRÆ COMMENDAVIT
TAM BENE MERITO, QUAM EMERITO PRÆSULI
BENE PRECARE.

Das zehende Jahrhundert.

L.

BEnedictus Hornstein folgte den 5. Aprilis dem erblaßten Petro in der Abbtey, ein guter, eiferiger, gelehrter Ordens-Mann, Pfarrer, und Novitzen-Meister.

1. Benedicti Hornstein.

Gleichwie er selbst ein Liebhaber der Wissenschafften gewesen, also wollte er auch seinen Söhnen gleiche Neigung einflössen. Schickte dahero einige auß den Jüngern, und fähigern nach Salzburg zum studieren;

3. Liebe der Wissenschafften.

74

ehrte, und liebte die Gelehrte, wie dieses Mabillonius erfahren, und in seinem Tomo IV. Vet. Anal. p. m. 44. rühmet. Als A. 1673. die Rottweilische Schule den Schwäbischen Prälaten angetragen worden, trate er nit allein dem Bündniß bey, sondern sendete dahin auch einige Lehrer auß unserm Closter.

3. Gottseligkeit.

Mit gleicher Gottseligkeit ware sein Hertz begeistert. Er befahle das Fest deß Heil. Sebastiani eben so feyerlich, als das Fest deß Heil. Theodori zu halten; führte den löblichen Gebrauch der Fußwaschung 12. Armen an dem grünen Donnerstag wieder ein; vermehrte unseren Kirchen-Schatz mit neuen Reliquien; indeme Gregorius Abbt zu St. Ulrich anhero die Gebeiner deß Heil. Neodegarij gebracht, und die zwey nach Rom A. 1675. auß Gelegenheit deß Jubilæi geschickte Patres Udalricus Bachman, und Carolus Schultheiß die 2. Leiber deß Heil. Blutzeugen Benedicti, und der Heil. Victoriæ Martyrin erhalten.

4. Neue Gebäude,

Dieser Abbt legte A. 1685. den 10. Aprilis zu dem neuen Gebäu für die Beicht-Vätter in Eldern den ersten Stein, wobey der Herr Prälat von Irsee das Hochamt absunge: erneuerte unsern Garten, zierte die Kirche mit einem neuen Altar, und Orgel; und welches billich zu verwunderen, vollbrachte er diese Wercke

5. Bedrangnissen,

Zu betrübten Zeiten. Massen unser liebes Vatterland bamahlen durch fast immer anhaltende Kriege bedrucket worden. Wobey denn das Gotts-Hauß vieles zu leyden, Benedictus aber überflüßige Gelegenheit hatte, seine Wachsamkeit für unsere Rechte, und Freyheiten zu erweisen.

6. Resignation, und Tod,

Nach 16. Jähriger Regierung legte er endlich auß erheblichen Ursachen den Last von sich, lebte annoch 23. Jahre, und gabe ein herzliche Prob seines Seelen-Eifer, indeme er als ein resignierter Abbt, und betagter Greiß die verlassene Catholische Heerde in Theinslberg zu weiden sich nit gescheuet. Sein übriges Lob, und Zeit deß Todes enthaltet folgende Grabschrifft:

Reverendissimus,
Et Amplissimus Dominus Dnus
BENEDICTUS
Abbatiam Ottoburanam
Acceptavit
Anno MDCLXXII. V. Aprilis.
Generose resignavit
MDCLXXXVIII. XXIX. Septembris,
Meritis cumulatus, MDCCXI. 17. Februarij.
Huic tumulo illatus
In Sancta pace
Requiescat.

7. Jacobus Molitor stirbt.

Wir raumen billich P. Jacobo Molitori einem gebohrnen Merspurger einen Platz ein in unserer Chronick, um welche selber sich durch seine Jahr-Schrifften so verdient gemachet. Dieser ware ein gelehrter, und wegen Beförderung der Clösterlichen Vollkommenheit höchst berühmter Mann. Denn er 33. Jahre dem allhiesigen, und sieben andere dem Hochlöblichen Closter zu Michaelbeuren in dem Saltzburger Bißthum als Prior vorgestanden. Er starbe endlich, wie er gelebet, sehr Gottselig, und wurd dem Grab ein viereckigter Stein beygesetzet mit dieser Auffschrifft:

AD

ADMODUM R. P. JACOBUS MOLITOR,
PRIOR
DOCTRINA, PRUDENTIA, PIETATE
CELEBRIS,
ET VISITATORUM SOCIUS
OBIIT
ANNO MDCLXXVI.
16. JULII.

LI.

Nach Benedicto dem Abbten wurde der Regierungs-Last Gordiano Scherrich aufgeburdet. Diesem hatte das Leben die Reichs-Stadt Wangen gegeben: er selbsten eröfnete sich den Eingang zu dem Hirten-Amt durch seinen Seelen-Eifer als Custos, durch seine Bescheidenheit als Prior, und durch besondere Klug- und Erfahrenheit als Großkeller.

1. Gordianus Scherrig

Den 9ten Novembris benedicierte Reverend^{mus} DD. Eustachius a Westernach Weyhbischoff in Augspurg unsern neuen Prälaten, und waren zu dieser feyerlichen Handlung die Abbten von Ochsenhausen, und Füssen (deren letzterer ware Præses der Augspurgischen Benedictiner Congregation, so unter dem Abbten Benedicto ihren Anfang genohmen) eingeladen. Währender Tafel verkehrte die unerwartete Nachricht, daß die Frantzösische Trouppen sich unserem Gebiet näherten, alle Freud in höchste Bestürtzung.

2. wird eingesegnet.

Die bey Aufgang der Sonne aufsteigende Wolcken verkünden selten einen heiteren Tag: und die bey der Einsegnung außbrechende Unruhen benahmen alle Hofnung einer friedsamen Regierung. Fü wahr wenn wir die Bedruckungen, Lieferungen, Brandschatzungen, Erpressungen, Uberfälle, Quartier, Durchzüge, und andere Beschwerden, welche der fast durch gantze 22. Jahre fortdaurende Krieg uns zugezogen, die Gesandschafften, welche nach Wien, Ulm, Stuttgard, und an andere Ort abgegangen, die gewechselte Briefe, und bey den höchsten Höfen überreichte Bitt-Schrifften hier einzurucken gedenckten, wurde ein besonderes, und grosses Werck darauß erwachsen. Gewiß ist, daß kaum einer auch auß den löblichsten Abbten so vieles für Erhaltung der Rechten gewachet, gearbeitet, und sich bemühet, als Gordianus.

3. Desselben Wachsamkeit für die Rechten.

Mehrmalen ware er in Gefahr, von den Feinden aufgehoben, und gefangen zu werden. Die gröste ereignete sich A. 1703. an dem Fest Mariæ Geburt, eben da dieser Hochwürdige Greiß wegen 50. in dem Closter zuruckgelegten Jahren dem Allerhöchsten in Eldern das schuldigste Danck-Opfer abstattete. Denn die Kirche allda gähling von einem Schwarm feindlicher Reuttern umbgeben worden, und gewinnete derselbe kaum so viel Zeit, daß er sich in dem Hauß verstecken kunte. Da nun die Soldaten ihne nit fanden, lockten sie unseren P. Henricum, welcher wegen entstandenen Tumult die Predigt abbrechen muste, auß der Kirche, setzten denselben einem Reutter hinten auf das Pferd, ritten über Niederdorff, Memmingen, und Ulm zu, und hielten ihne so lang gefangen, biß ein grosse Summe Gelts für dessen Loßlassung erleget worden. Bey so beschaffenen Sachen, und nach gemachten Verordnungen begabe sich der Abbt nach Weldkirch in in das Priorat, wo er seine Sicherheit während diesem Krieg zweymahl gefunden; da hingegen seine hin- und her reisende Beamten, und P. Carolus Schultheiß von verschiedenen Partheyen arretiert worden.

4. und Gefahren.

5.
Ort Abbt wohnet der Wahl deß Röm. Königs bey.

6.
kauffet neue Güter in Immenstad, und Erchheim.

7.
bekommt neue Gebäude.

8.
Andacht zu der Gnaden-Mutter in Eldern.

9.
Blüh-Stand der Zucht/ und Wissenschafften.

10.
Zweyte Primiz, und Todt.

Alle diese Bedrangnissen kunten jedoch nit hinderen, daß Gordianus nit viele Merckmale eines erhabenen Geists der Nachwelt hinterliesse. Er wohnte, nach erhaltenem Einladungs-Schreiben der Wahl Josephi I. zum Römischen König, und der Crönung der Kaiserin in Augspurg bey.

Die Closter-Güter wachseten auch mercklich unter ihme. Denn er den Schellerischen durch einen Tausch, und den Langenmantelischen Antheil an Erchheim durch einen Kauff an sich gebracht. So erkauffte er auch einige Reb-Güter in Immenstad. Fürnemlich aber, weilen bey diesen Zeiten nichts nothwendiger, als ein sicheres Zuflucht-Ort ware, richtete selber seine Gedancken auf Weldkirch, woselbst er erstlich ein Hauß, und Reben, hernach das Priorat S. Joannis dem Closter einverleibet, und P. Carolum als ersten Priorem samt den PP. Henrico, und Ruperto dahin abgeschicket.

Von diesen außwärtigen Geschäfften wendete er sich zu den nahe gelegenen Orten; und liesse in dem Böglens, Schachen, auf dem Berg allhier neue Behausungen Aufrichten, in der Pfarr-Kirchen aber das Sattel-Tach in die Form, in welcher man es anjetzo siehet, auffführen. Zu deme wurde unter seiner Regierung der Creutz-Gang von dem Mahler, der Chor von Gypsern erneuert, der Tabernacul auf dem Chor-Altar verfertiget, das neue Mariæ-Bild darein geschlossen, die Neben-Thüren, und Gestell für die Heil. Leiber zugerichtet, die Glocken-Thürn mit Blechblaten bedecket, neue Creutz darauf gesteckt, und letztlich die Kirche selbsten mit Gemählden, und 2. neuen Altären außgezieret.

Die Andacht gegen unsere Gnaden-Mutter in Eldern schiene sein Hertz gantz eingenohmen zu haben: denn er dieses Wunder-Ort mit Reb-Gütern, und dem Hof Böglins beschencket, und P. Bonifacium Catan als ersten Superiorem ernennet, auch ihme P. Placidum Kuen zum Gehülffen gegeben. Hierauf wurd auch der Stifft und Dotations Brief verfertiget, und A. 1702. von diesem Liebhaber Mariæ der erste Stein zu dem erweiterten Chor mit gewöhnlichem Gepräng den 8. Maij gelegt; daß A. 1704. die erste Vesper an dem Vor-Abend der Einweihung in demselben gehalten, und die neue Kirche A. 1709. außgemacht worden.

Wie sehr unter seiner Regierung die genaue Beobachtung der Heil. Reglen, und Wissenschafften geblühet, zeugen mehrere Clöster, welche von hier eiferige Priores, geübte Lehrer, sorgfältige Hauß-Meister begehret, und erhalten. Auf der Welt-berühmten Saltzburgischen Academie lehrten zu diesen Zeiten jene 2. grosse Männer P. Sebastianus Textor, und P. Franciscus Schmier, deren wir mit mehreren an einem anderen Ort gedencken werden. Die Anzahl der Gelehrten zu vermehren, und zu erhalten, wurden die fähigste Ordens-Neuling theils auf besagte hohe Schul, theils an andere Oerter verschicket.

Den Eingang deß 1710. Jahrs verherrlichte Gordianus durch sein zweyte Primiz, welche er in Gegenwart vieler hohen Gästen unter tausend Wünschen, und ungemeiner Freude aller seiner Söhnen gehalten. Allein so frölich, und beglückt der erste Januarij für Ottobeyren gewesen, eben so Trauer-voll ware der achte Tag Martij. Denn als der betagte Prälat auß der Wehr-Stube in die Abbtey durch die enge, und gähe stiege hinauffstiege, ist er ruckwärts herabgefallen, und hat das Haupt also an die hinter ihme geschlossene Thür geschlagen, daß er gleich todt geblieben, und von den suchenden in dieser erbärmlichen Stellung gefunden worden. Weilen er an dem Fest deß Heil. Michaelis gebohren, verehrte er Zeit seines Lebens diesen grossen Himmels-Fürsten mit besonderer Andacht, und erwählte seine Ruhestadt bey desselben Altar. Die auß Kupfer verfertigte,
und

und vergoldete Grabschrifft ward an der nächsten Säule aufgehenckt folgenden Innhalts:

Reverendissimus
Et Amplissimus Dominus Dnus
GORDIANUS
Antistes Infulatus
Mystes Jubilatus
Aetatis LXXV. Regim. XXII.
Hocce sub Tumulo
Plenus
Meritorum Cumulo
ReqVIesCIt
In paCe
DoMInI.

LII.

Rupertus Ness, eine unsterbliche Zierde seiner Vatter-Stadt Wangen, **1.** *Rupertus II.* und zweyter Stiffter unseres Reichs Gotts-Hauß, beglückte die Welt mit seiner Geburt den 24. Novembris A. 1670. beurlaubte aber selbe gleich in seiner Zarten Jugend, indeme er sich selbsten den 11. Julij A. 1688. dem dreyeinigen GOtt durch die drey feyerliche Gelübde geopferet. Endlich folgte er durch eine höchst beglückte Wahl dem erblaßten Gordiano den 8. Maij 1710. in der Abbteylichen Würde, und erwarbe sich durch sein weise Regierung so vieles Lob, daß Ottobeyren jederzeit Selben unter seine gröste Abbten zählen wird.

In allen unternehmungen pflegte Rupertus sich deß mächtigen Schutzes grosser Himmels-Fürsten zu versicheren. Dahero er auch gleich A. 1711. **2.** *Übersetzt die Hal. Reliquien,* den 26. Julij die heilige Gebeiner der Glorwürdig, und unüberwindlichen Blut-Zeugen Bonifacij, Benedicti, und Victoriæ, wie auch deß Seligen Abbten Ruperti I. mit all möglichen Pracht übersetzen lassen.

Eben besagtes Jahre empfienge Selber die Lehen von Josepho I. und **3.** *empfanget die Lehen ꝛc.* nach hero von Carolo VI. glorwürdigsten Kaisern. Und weilen er der erste auß den Reichs-Ständen Seiner auß Spanien zuruckkehrenden Majestät zu Füssen seine allerunterthänigste Aufwartung gemachet, und bey dem Nacht Mahl den gewöhnlichen Seegen gesprochen, wurde Er folgendes Jahre mit dem Titul eines würcklich Kaiserlichen Rath, und Caplan für sich, und seine rechtmäßige Nachfolger begnadet.

Ja gleich die erste Monate bezeichnete dieser unvergleichliche Prälat **4.** *Erkauffet das Vogt-Recht,* mit einem deß ewigen Gedächtnis-würdigsten Wercke, indeme er daß für Ottobeyren so beschwerliche Vogt-Recht um 30000. Gulden an sich gekauffet, und A. 1716. die Kaiserliche Bestättigung deß getroffenen Vertrags erhalten. Ein Hercules wurde nach diesem grossen Unternehmen neue Gränz-Säulen errichtet haben: allein der übergrosse Geist Ruperti denckete immer auf neue Thaten. Dahero

Er den 11. Maij den ersten Grundstein zu dem jetzigen sehr bequemmen Closter geleget, und daran durch 15. Sommer mit so vielem **5.** *erbaut das Closter,* Eifer arbeiten lassen, daß das gantze Gebäu samt allem, was zum Hauß-Wesen gehöret, den 5. Novembris A. 1725. in vollkommenen Stand, wie wir anjetzo sehen, gesetzet worden.

A. 1714. den 8. Maij beordnete er R. P. Theodorum Schylz, daß dieser mit Legung deß ersten Steins den Anfang zur Capelle S. Michaelis auf **6.** *und Capelle S. Michaelis,* dem sogenannten Burschelberg machete zum Zeichen (wie die in dem Grund be-

begrabene Schrifft lautet) der Danckbarkeit deß Hochseligen Abbten Gordiani, welcher dieses Bett-Hauß A. 1703. in seiner Flucht der Ehre dieses Heil. Ertz-Engels gelobet, und eigener Andacht, weilen er an diesem Tage die Regierung angetretten.

7. Schützet die Rechte:

Wie eiferig Rupertus die Rechten deß Gotts-Hauß verthädiget, können Zeugen die höchste Höfe zu Rom, und Wienn, wo selber nit wenige allergnädigste, und zu Befestigung unserer Freyheiten, und Privilegien höchst gedeuliche Briefe, und Rescripta in verschiedenen Jahren besonders A. 1720. erhalten. Er erfüllte hierinn das Maße seines Namen, und erwiese sich in allen Vorsallenheiten einen unbeweglichen Felsen.

8. Einverleibet die älteste Pfarrey:

Den 8. Decembris in dem Jahr 1718. langte allhier von Rom ein Breve an, durch welches die allhiesige Pfarrey dem Gotts-Hauß also einverleibet wurde, daß ein jeweiliger Abbt selbe durch einen Ordens- oder Welt-Priester nach belieben könnte versehen lassen. Das Closter wurde auch den 17. Junii nach zwey Jahren in den würcklichen Besitz, und Genuß dieser Freyheit durch den von dem Apostolischen Nuncio abgeordneten Herrn Dondorium eingesetzet.

9. Ruperti Gottseligkeit/

Die Gottseligkeit dieses Abbten verkünden annoch der Nach-Welt die kostbare Monstrantz, Kelch, und Ornat, mit welchen er unseren Kirchen-Schatz vermehret, die viele hier, und anderswo theils von Grund neu erbauete, theils erneuerte, und eingeweyhte Gottes-Häuser, und sein mit eigener Hand geschriebenes Tag-Buch. Also wurden unter seiner Regierung die Capelle auf dem Burschel-Berg den 4. Octobris A. 1729. die Pfarr-Kirche in Ungerhausen A. 1738. den 23. Julij, die folgende zwey Täge der Hoch-Altar in Elderen, und die vier Altär in hiesiger Pfarr-Kirche, endlich die beede Closter Capellen eingeweyhet. In seinem Tag-Buch giebet er selbsten häuffige, und Sonnen-klare Zeugnissen seiner übergroßen Andacht gegen dem Drey-einigen GOtt, und denen Heiligen. Wir setzen nur eines hieher, auß welchem abzunehmen, warum er in seinen Wappen-Schild drey Ring habe eingetragen. „O mein GOtt! (schreibet dieser infulierte Seraphin) „Ich will mit diesen drey Ringen mich dir „auf ein neues, als mit meinem Drey-einigen GOtt, gleichsam vermäh-„len, und an Eidstatt geloben, daß ich die Tage meines Lebens in meiner „von dir anvertrauten Regierung nichts anderes wolle suchen, als dich mei-„nen Einig- und Dreyfaltigen GOtt, die unerschaffne Heiligste Dreyfal-„tigkeit ꝛc.

10. Liebe der Gelehrten;

Die Hochachtung, so Selber gegen die Gelehrte geheget, erprobte er in unzahlbaren Gelegenheiten. Was nur immer die Kräfften erlaubten, wendete er an zur Errichtung deß Benedictinischen Lycei in Freisingen, und Erhaltung der Saltzburgischen Hochen-Schule. An beeden Orten lehreten mehrere von uns die Welt-Weißheit, und GOttes-Gelehrtheit; andere erklärten die Geistlichen Rechten: nit wenige wurden zur Würde der Doctorum, oder offentlichen Lehrern erhoben. Die mehreste Junge Fratres wurden auf offentliche Schulen verschicket. Die schöne Künsten becrönten die Verdienste ihres grossen Gönners, indeme ihne Saltzburg eben zu jener Zeit, da selbes sein erstes Jahrhundert prächtig begienge, und nachmalen Freisingen, zu einem Præside erwählet.

11. Übrige Wercke/

Wir zählen zwar noch mehrere Wercke Ruperti in unserem Gebiet; denn sein unermüdeter Eifer niemahl eine Ruhe fande, sondern alle Jahre, und Täge mit besonderen Gnaden-Strahlen bezeichnete. Also erbauete Er A. 1734 den schönen Pfarr-Hof in Attenhausen, legte A. 1737. den 27. Sept. zu unserer neuen Stiffts-Kirche, und A. 1739. an dem Vor-Abend der heiligsten Drey-Einigkeit zum Beamten-Gebäu den ersten Stein. Allein

über

übergehen wir diese, und andere mehrere herrliche Thaten. Jenes können wir nit verschweigen, daß er, der häuffigen Regierungs-Geschäffte, und der vielen dem Gebeth, und anderen Geistlichen Ubungen gewiedmeten Stunden ungeachtet, alles, was sich Zeit seiner Ruhm-vollen Regierung von Tag zu Tag zugetragen, selbsten mit eigener Hand beschrieben, und darmit viele, und grosse Bücher angefüllet.

Bey allen diesen grossen Außgaben scheinet uns das Wunder-würdigste zu seyn, das Rupertus nit allein den Schulden-Last nit vermehret, sondern selben schon in dem 25. Jahre gäntzlich getilget, und also 93000. Gulden glücklichist abgezahlet. Worauß denn Sonnen-klar erhellet, mit was reichen Seegen der Allerhöchste diesen best verdienten Abbten erfüllet habe.

12. Glückselige Haußwarthschafft.

Ein einiges ware, was das glückselige Ottobeyren sich noch wünschete, daß nämlich der gütige Himmel diesen einer Ewigkeit würdigsten Prälaten auf ewige Zeiten erhaltete. Allein entrisse uns selben der unmenschliche Tode eben in jenem Jahre, in welchem er der Welt ihre gantze Grösse zu rauben schiene, an jenem Tage, in welchem das Römische Reich sein Haupt selbsten zur Erde sincken sahe, A. 1740. den 20. Octobris, da Rupertus 70. Jahr seines Alters zählete, und 30. mit unsterblichen Ruhm regieret, und genutzet hatte. Sein erblaster Leichnam wurde unter unzahlbaren, gerechtest, und schmertz-vollesten Zähren aller Brüdern, und Unterthanen an dem Ort, an welchem biß A. 1711. die Gebeiner deß Seligen Ruperti I. geruhet hatten, beygesetzet, worauß aber die Sarge A. 1749. den 22. Novembris in die Grufft der Capelle S. P. Benedicti ist übersetzet worden.

13. und Tode.

Unter dieser beglücktesten Regierung sahe Ottobeyren mehrere Söhne in seiner Schooß welche theils durch ihr frommes Leben, theils durch ihre Gelehrtheit ihren Namen unsterblich gemachet. Diesen zählen wir billich bey an. P. Albertum Krez, welcher A. 1643. in Kempten in die Welt, A. 1660. in unser Closter eingangen, und sein Leben mit schreiben, lesen, lehren als Prior, Sub-Prior, Novitzen-Meister, Professor, und Archivist zugebracht. Nebst seinen in Druck gegebenen Werckern hat er besonderes Lob durch seine viele und grosse Jahr-Bücher erworben, und sein arbeitsames Leben A. 1713. den 25. Septembris durch einen Gottseligen Tode geendet. Die Bau-Kunst P. Christophori Vogt bezeugen die in Closter-Holtzen, Wald, allhier, Elbern, Niederdorff, Edelstetten, Ummendorff rc. aufgeführte Gebäu e. Er starbe A. 1725. in dem 76. Jahr seines Alters Professione, & Sacerdotio Jubilæus. Nit minder machte sich bey der Nach-Welt bekannt P. Sebastianus Textor, zu Mindelheim A. 1658. gebohren, welcher, nachdeme er in Saltzburg die Glaubens-Streitt gründlich erkläret, die Stell eines Regenten in dem alldasigen Convict, und Vice-Cantzlers vertreten, dem Gottseligsten Ertz-Bischofen Ernesto von Thun als Beicht-Vatter getreu gedienet, unterschiedliche, und benen Predigern nutzlichste Bücher in Druck befördert, endlich in dem Reichs Gotts-Hauß Sengenbach A. 1722. den 14. Junij sein Leben beschlossen. Alle aber übertraffe an Gelehrtheit P. Franciscus Schmier eine Zierde unsers Gottes-Hauß, und Sonne der Rechtsgelehrten seiner Zeiten. Er erblickte das Licht der Welt A. 1688. zu Grönenbach, und verliesse diese durch feyerliche Profession A. 1696. Seine unvergleichliche Wercke sind aller Orten mehr bekannt, als daß wir mit der Feder außdrucken können; genug solle seyn, daß annoch die Druck-Pressen in fremden, und entfernten Ländern davon schwitzen. Er hatte die Ehre 15. gantze Jahr der Saltzburgischen Universität als Rector Magnificus vorzustehen, und ein geheimer Rath dreyer Höchstansehnlichen Reichs-Fürsten von Saltzburg, Freisingen, und Kempten zu seyn. Der allzufrühezeitige Tode beneidete ihme die höhere Ehren-Stuffen, und be-

14. Ehrenvolle Ordens-Männer.

beförderte ihne zu dem unerschaffenen Ziel seiner rühmlichsten arbeiten A. 1728. den 22. Novembris. Diesem folgte sein Bruder P. Benedictus Schmier, dessen unermüdeter Fleiß, und ungemeine Gelehrsamkeit ebenfalls auß den häuffigen Philosophisch, Juridisch, und Theologischen Schrifften sattsam erhellet. Er wurde deßwegen auf der schon offt bemeldten hohen Schule, nachdeme er die Welt-Weißheit, Geistliche Rechten, und Gottes-Gelehrheit offentlich mit grossem Lob, und Zulauff der Schulern gelehret, Vice-Rector ernennet. Kehret aber endlich auß Liebe der Ruhe nach Hauß, und verschiede Gottseelig als Oberer in Elderen den 28. Junij A. 1744.

LIII.

1. Anselmus Abbt

Der nunmehro löblichst regierende Abbt ist ANSELMUS Erb, welcher in der freyen Reichs Stadt Ravenspurg A. 1688. den 29. Januarij gebohren, und sich durch die viele uud grosse Verdienste, die Selber als mehrmahliger Novitzen-Meister, Professor zu Hauß, Saltzburg, Freising, Fulda gesammlet, den Eingang in die Abbtey den 23. Nov. A. 1740. geöffnet.

2. Hebet dem Closter auß licht re--

Es ist nit vonnöthen, daß wir seine Thaten mit vielen beloben, weilen uns das angebohrne Abscheuen von aller Heucheley den Finger auf den Mund leget. Wir sagen allein, daß seine Wercke der neu an uns gebrachte Theil der Herrschafften Stein, und Ronsperg, die vermehrte Bücherey, und Kirchen-Schatz, die neu erbaute herrliche, und kostbare Kirche seyen; und schlüssen also diesen Theil mit dem hertzlichen Wunsch:

Huic, precor, haud metas, haud tempora ponite Cœli.

Drit-

Dritter Theil.

Von der Verherrlichung durch die Höchste, und hohe Gutthäter.

Mit wie vielen, und ansehnlichen Gnaden die höchste Häupter der Kirche so wohl als deß Heil. Römischen Reichs unser Gotts-Hauße überhäuffet haben, lässet sich auß deme, was wir bißhero auß Päbstlich, und Kaiserlichen Gnaden-Briefen beygebracht, leichtlich schliessen. Das ansehnlichste Privilegium ist unsere Exemption, von welcher wir dem geneigten Leser folgenden Unterricht kürtzlich mittheilen.

Nachdeme das Reichs GOtts-Hauß Ottobeyren obenangeführter Massen Anno Christi 764. unter Regierung Pabsts Pauli I. und Kaysers Caroli Magni von Syllacho einem Hertzog und Graffen auß dem Jllergew, und dessen Gemahlin Ermiswinda stattlich fundiret worden, hat allerhöchstgedachter Kayser auf bittliches ersuchen Hildegardis Regiæ Conjugis suæ den damahligen Abbten S. Tottonem Fundatoris filium sambt seinem Land und Leuthen in die Kayserliche Protection allergnädigist auf- und angenohmen, und im fünfften Jahr nach der Stüfftung, nemblichen A. 769. zu Maintz ein stattliches Privilegium, Schirm- oder Sicherungs-Brieff offentlich zuerkannt, und mitgetheilet, unter anderen deß haubtweesentlichen Innhalts:

„Das niemanden, hoches oder niberen Stands gebühren, noch zu-
„lassen seyn solle, Jhme Abbten, oder seinem Gotts-Hauß zugehörigen,
„so wohl Freyen als Leibaignen, auch Haab und Güteren einige Calum-
„niam, inquietudinem, oder Verdruß zuzufügen: Sonderen da jemand
„wider jhne Abbten oder seines Gotts-Hauses Angehörige einige Sachen
„zu haben vermeinte, so von seinen Getreuen in dem Flecken nicht entschie-
„den werden könnten, daß solche Strittigkeiten vor Jhro Kayserliche Ma-
„jestät selbsten gebracht, und reserviret werden sollen.

„Auf daß auch mäniglich spühren möge, daß der glorwürdigiste Kayser
„Carolus nicht auß aigenen Nutz, sonder zu der Ehr und Liebe GOttes
„die Defension dieses Gotts-Hauß auf sich genohmen, haben Seine Ma-
„jestät denen Fratribus ejusdem loci eine freye Election und Wahl gege-
„ben, solcher Gestalt, daß sie nach Abgang vorgedachten Abbten Tottonis
„unter jhnen selbsten einen Prælaten erwählen mögen, welchen sie nach der
„Regul S. Benedicti und zu Jhrer Kayserl. Majest. Diensten am besten,
„und bequemsambsten erachten, und befinden wurden, und daß ein solcher
„erwählter Abbt Jhro Kayserl. Majest. und dero Successorn præsentiert,
„und durch Königliche Authorität sublimiert, und bestättiget werden,
„auch frey ab omni exactione Curiali, vel munere widerumb anheimb zie-
„hen solle ꝛc.

Umb diese Zeiten seynd Reichs kündiger Massen die Bischöff und Prälaten wegen Ihren weltlichen Lehenbahren- und dem Heil. Röm. Reich ohne Mitel zugethanen Güteren offtmahl von denen Röm. Kayseren und Königen zu denen Kriegs-Expeditionen erforderet, und gebraucht worden, mithin an dem Obsigen und Unterligen Antheil nehmen müssen, also zwar, daß hierüber Pabst Paschalis A. 1110. eine displicenz zu erzaigen, und sich folgender Gestalten zubeklagen veranlasset gesehen hat sagend:

„An etlichen Orthen deß Teutsch-Lands seynd die Bischöff und Prä-
„laten also mit Weltlichen Geschäfften und Sorgen beladen, daß ihnen
„stets mit Kriegs-Händlen umbzugehen obliget, auf welche Weiß die
„Kirchen und Altar-Diener Ministri Aulici werden, weilen sie Fürstenthum und Grätt zu Verwaltung deß Reichs von den Königen empfangen haben &c.

Allermassen, und daß der Gottseelige Kayser Carolus selbsten die Stüffter und Gotts-Häuser mit Kriegs-Beschwerden beladen habe, bezeuget Klockius de Contributionibus cap. 1. n. 167. in verbis.

„Constat & illud, Carolum Magnum ob bellorum in Saxonia & alibi
„gestorum gravitatem, ne Ecclesijs quidem, quas tamen maximo favo-
„re prosequebatur, munia bellica, & æs militare, utpote nervos, sine
„quibus Respublica nequaquam salva esse potest, condonâsse. Neque
„solum prædia Stipendiaria, agros, prata, vineas, villas, & hujusmo-
„di redditus, vectigaliaque, item jumenta, pecudes, mancipia, verùm
„& propriam supellectilem Præfectorum, Præsidum, Pontificum, Fœ-
„minarum sacratarum, & Virorum descriptam habuit, juxta multitu-
„dinem jugerum, agrorum, opum certus numerus Militum, auri, ar-
„genti, jumentorum, vehiculorum, annonæ, vestimentorum, armo-
„rum, item ferramentorum definitus apud Carolum fuit.

Dieses grossen Kaysers Exempel haben die Nachfolger pro exigentia status & temporis insistiret, indeme bald darauf testibus Goldasto, Marquardo, Frechero, & Melchiore Haiminsfeldio, Carolus Crassus die Expeditionem Romanam, sive den Römer-Zug, und Abhollung der Kayserl. gulden Cron eingeführet hat. Vermög dessen die Fürsten und Ständ deß Reichs, Geistlich- und Weltliche den Kayser majori aut minori numero & apparatu pro principatuum & feudorum suorum ratione nacher Rom haben begleiten müssen. Conf. R. I. de A. 1521. fol. 80. §. und, als wir &c. & de A. 1522. fol. 89.

Zu dergleichen Kriegs-Dienst und kostbarn Reysen waren die erste Prälaten deß Gotts-Hauses von darumen auch gleicher Massen verbunden, aldieweilen Syllachus der Fundator status Imperij immediatus gewesen, und beträchtliche Reichs-Lehen inngehabt, die Ottobeyrische Abbates mithin in dessen prærogativas & Jura tam in favorabilibus quam odiosis eintrettend, gleich anderen Reichs Prälaten, veluti Abbates militares, die Reichs Beschwerden haben mittragen und laisten müssen. Als aber, wie leicht zu ermessen, die Stüfftungen und Gotts-Häuser per ejusmodi onera so wohl in Ecclesiasticis Officijs, & disciplina regulari, als auch in Administratione bonorum temporalium nit geringen Schaden und Nachtheil erlitten, auch deß Unkosten und Heer-Steuren halber grossen Abgang und Beschwerden empfunden, haben in dessen Beherzigung Weyl. Kayser Ottonem den Grossen glorwürdigister Gedächtnuß die heilige

Con-

Conradus Constantiensis, und Udalricus Augustanus Episcopus mittelst
Beystande-Laistung Burckarden Hertzogs auß Schwaben, aliorumque
Potentium Allemanniæ Unterthänigist gebetten, und suppliciret, in son-
derbahrer Consideration der harten und rauchen Lands-Arth, darinnen
die Abbtey Ottobeyren gelegen, & ut Abbas liberè Deo cum fratribus suis
servire possit, die Abbte daselbst, und das Gotts-Hauß solcher Kayserl.
und Königlicher Servitut, Kriegs-Expedition und Heer-Steuren, auch
andern onerum Imperialium zuenthöben. Diese unterthänigiste Petition
und Anlangen hat aber anderer Gestalt bey dem Kayser Ottone, inconsultis
præsertim Imperij proceribus, keinen Ingreß finden wollen, es werden dann
etwelche gestüffte fürnehme Orth, Dörffer und Weyler der Prælatur Ottobeyren entzogen, und Hertzog Burckarden in Allemannia und seinen Suc-
cessoren in Beneficium verliehen. Als nun dieses negotium Exemptionis in solenni procerum Imperij Conventu pro- & contra genau ventili-
ret worden, ist endlich der oben von Kayser Ottone schon prægustirte
Schluß dahin außgefallen, id nequaquam aliter fieri posse, nec tantum
locum debere à Regali obsequio divelli, nisi parte aliqua prædiorum
præfatæ Abbatiæ abstracta &c.

Solchemnach hat die Reichs Abbtey Ottobeyren pro implemento istius
Contractûs abgetretten, und übergeben den Flecken Omendingen mit seiner zugehör, Druncelsperg, Hausen, Wahl, mit dem Zehenden im Iller-
gey, die Investitur der Kirchen zu Stainheim, und Kirchdorff sambt dem
Zehenden von darmen biß gen Moßbronn, und andere stattliche Güter rc.
deren Jährlich, und tägliches Einkommen, Nutzungen, Gefällen und Renten das Gotts-Hauß nithin immerzu und unaufhörlich Cariren, folgsam
neben ewiger Privirung seiner beträchtlichsten proprietäten tam pacis quam
Belli tempore proportionaliter weit mehrere Steuren und Beschwernussen,
als andere auch mit übersetzter Matricul beladene Reichs Stände, qui pro-
prietates suas retinent, & certis tantum temporibus Collectas solvunt,
realiter & in effectu tragen, laisten, und zahlen muß. Obernante Güter
und Gerechtsamen seynd hernach Burckardo Duci Allemanniæ ejusque
successoribus mit der Bedingnuß in feudum überlassen worden, ut sit in
omnibus Regni negotiis paratus semper, & verbis & factis pro Abbate
hostes Reipublicæ debellare, & quoties sit, expeditionem movere tenea-
tur.

Krafft dieses herwerths sehr onerosen Contracts, erfolgter Übergab,
und dationis in solutum ist bannenhero das Reichs Gotts-Hauß Ottobeyren obangeregter Heeresfolge, Steuren, und Beschwernussen halber
ac ab omni Regni negotio, ipso Jure & facto, ac naturali æquitate evi-
dentissima entlediget, und befreyet, und zugleich dessen habende Kayserl.
und Königl. Privilegia, dignitates & libertates ad exemplum Caroli Magni
confirmirt, und bestättiget worden laut und besag barüber aufgericht-von
allerhöchstged. Kayser Ottone außgefertiget-und dem Heil. Ulrich tanquam Abbati Ottoburano Commendatario zugestellten nachstehenden
Diplomatis de A. 972. Kal. Novembris.

In Nomine sanctæ & Individuæ Trinitatis!

„Otto Divina favente Clementiâ Imperator Augustus. Notum faci-
„mus omni Regno Nostro, cunctisque successoribus nostris Regibus,
„qualiter nos adierint Udalricus Augustensis Ecclesiæ Episcopus, &
„Burckardus Dux Allemannorum & cæteri potentes Allemannorum in-
„sinuan-

„ sinuantes, notificantes copiam & inopiam, ac Regionis duritiem Otto-
„ burensis Abbatiæ, supplicantes, precantes, & consiliantes, quatenus
„ pro Dei honore, & pro nostra gratia, ac pro meritis S. Alexandri, qui
„ ibi corporaliter requiescit, eam liberam â Nostra, & ab omni Regia ser-
„ vitute faceremus, id est, ab expeditione Regali, & exercitali, vel cly-
„ peo, & a Curiali itineratione, & ab omni Regni negotio. Ad quæ
„ respondimus, eorum petitioni nequaquam velle consentire, nec fieri
„ posse, sine communi Principum Regni Consilio, permissione, delibera-
„ tione atque dispositione. Ergo eorum deliberationi, Consilio, ac ju-
„ dicio concessimus, permisimus, ita sanè, ut quidquid eis inde pla-
„ cuerit, placeat, quod displicuerit, displiceat, & quidquid ex his ele-
„ gerint, laudamus, consentimus, præcipimus, permittimus. Igitur
„ in unum convenerunt, & consenserunt, nequaquam id aliter fieri posse,
„ nec debere â Regali obsequio avelli, nisi parte prædiorum præfatæ
„ Abbatiæ abstracta nobis tradantur sub ea conditione, ut â nostra Regali
„ Potentia Duci Allemannorum Burckardo, suisque Successoribus Alle-
„ manniæ in beneficium Concedantur, sitque in omnibus Regni negotiis
„ semper paratus, verbis, & factis ante præfatæ Abbatiæ Abbatem, ipseque
„ liber Deo & sanctis ejus cum suis fratribus deserviat, & post obitum cu-
„ juslibet Abbatis ipsi Fratres liberam, & Canonicam Electionem in alium
„ habeant, nobis, nostrisque successoribus præsentetur, & Regalia â No-
„ bis accipiat, & per Nos sublimetur, ac firmetur. Et ne fortè aliquis
„ Advocatus aut Tyrannus eò licentiùs sibi usurpet, aut vindicet ali-
„ quid ex his, quæ sunt Abbatis & Fratrum præfatæ Abbatiæ, quasi nostri
„ juris non sit, noverint omnes fideles nostri, sicut Dominus Carolus Im-
„ perator primitus magis pro defensione, quam servitutis utilitate susce-
„ pit, ita & Nos Strenuissimos & Justissimos Rectores, & defensores il-
„ lorum esse sciant. Ergò quisquis Abbas inibi constituatur, præcipi-
„ mus, statuimus, ut non amplius post adeptam dignitatem ab eo exi-
„ gatur, quam duo Canes pares aut unicolores, bestias & feras benè
„ persequentes, ad nostrum & successorum nostrorum honorem non lon-
„ gius deferantur, nisi ad fores Aulæ in Ulma, vel Augustensis Curiæ
„ portam, ibi â venatoribus Regijs suscipiantur. Hæc sunt prædia,
„ quæ pro prædicta libertate â præfata Abbatia sunt abstracta, cum om-
„ nibus mancipijs & appendicijs suis, oppidum Omendingen cum vico
„ Trunkensperg, prædium in Husen situm, vicum, qui dicitur Dietrichs-
„ hoven, villa Wigenhusen, & prædium Wahle, aliaque prædia, quæ
„ nominare longum duximus, & decima, quæ de pago Hilargoviensi
„ usque in hanc diem de eleemosina Domini Caroli Magni Imperatoris
„ fratribus præfati Monasterij in usum est concessa, nunc pro eadem
„ libertate est recepta. Fautores & conciliatores jam dictæ libertatis
„ etiam decreverant, ut prædiorum prædictorum decimæ, quæ an-
„ tea, quam nostræ ditioni traderentur, in eleemosynariam domum
„ præfati Monasterij ad reficiendos pauperes de iisdem prædijs daban-
„ tur, & nunc Regis authoritate, & præfati Udalrici Episcopi licentia,
„ omniumque successorum nostrorum concessione, solummodò â cun-
„ ctis villicorum, & pro Testimonio libertatis, & pro pauperum refectio-
„ ne ad jam dictam domum dentur. Data ab Imperatore Ottone Udal-
„ rico Episcopo & Abbati Uttenburensis Loci, Anno Incarnationis Do-
„ mini Nongentesimo Septuagesimo secundo die Calend. Novembris.
„ Actum Argentinæ Civitate in DEI Nomine.

Magni

Magni Imperatoris.

Das nun aber vorstehendes stattliches Kayserliches Privilegium nit für eine Chymera zuhalten, wie man ehemahls adversantischer Seiths zur Zeit deß in Camera Spirensi fürgebaurten grossen Processes p^{ro} der Superiorität und Steurbarkeit vorgegeben, und noch heutiges Tags viele dißfahls nicht informirte, auch übel Gesinte sich vorstellen, sondern in Reichs offenbaren Wahrheits-Grund dem Gotts-Hauß solchergestalten verliehen worden seye, bezeugen etwelche uralte berühmte Historici, und zwar vornemblich Hermannus Contractus, welcher ad annum Domini 973. also schreibt:

„Cum Beatus Episcopus Udalricus apud Dillingam Castrum cum
„Rutuino Comite fratris sui Theodwaldi filio Pascha ageret, Adalbero
„Clericus futurus post eum, ut sperabatur, Episcopus, ibidem Phlebo-
„tomus subita morte interiit, Augustæque in Basilica S. Affræ ab Avun-
„culo Episcopo sepultus est: ipse Episcopus inter alia bona Abbatiæ
„Ottoburanæ sibi subdiæ libertatis Privilegium ab Imperatore impe-
„travit &c.

Auf gleichen Schlag bezeuget Surius in vitâ S. Udalrici Tom. 4. de vitis SS. Commemorat. ibi:

„Monasterij bona, quæ pro requie animæ sui nepotis Adalberonis
„agebat, & Abbatiam Ottoburam dictam, quam ille, dum viveret, in
„beneficium tenebat, sibi acquisivit, & tamdiu tenuit, quousque ipsius
„Studio donata est libertatis Privilegio &c.

Von Zeit der Ertheilung obigen Ottonianischen Privilegij hat unter Regierung der Kayser Ottonis II. & III. Henrici II. & Henrici III. Conradi II. Dann der Ottobeyrischen Prælaten Rudungi, Dancolphi, Sigeberti, Embrici, Eberhardi, Racelini, Gebhardi, Adelhalmi, & Henrici I. sich nichts merckwürdiges verloffen, allermassen das Gotts-Hauß dem zu Zeiten Kayser Ottonis Magni geschlossenen, und von dem gesambten Reich applaudicierten Contract gemäß bey allen Vorfallenheiten, besonders aber den Kayserl. und Königl. Raisen, auch Feld-Zügen nit nur allein ohnangefochten verbliben, sondern es hat auch der in der Abbtey lichen Würde gefolgte Abbt Isingrinus A. 1171. daß an seithen deß Gotts-Hauses so theuer erworbene Exemptions Privilegium von Kayser Friderico I. Barbarossa auß grosser Sorgfältigkeit bestättigen lassen, so man aber dahier wortlich anzuführen von darumen überflüßig zuseyn erachtet, allbieweilen auß dem paulò inferius nachstehenden Confirmations diplomate Friderici II. Rom. Imperatoris ohnehin dessen vollständiger Innhalt zuersehen seyn wird.

Als aber A. 1180. bemeldter Abbt Isingrinus das Zeitliche gesegnet, und Bernoldus statt seiner erwöhlet worden, hat die Exemption auf dem Reichs-Tag zu Ulm einen Anstoß leyden wollen, wie nachstehendes auf einer antiquâ membranâ vorhandenes Scriptum mit mehreren anzaigt, und also lautet:

„Defuncto pridie Idûs Decembris Isingrino Bernoldus è Senioribus
„nostris ætate maturior in Dominum eligitur, qui statim in Ecclesiam de-
„ductus, quæ facienda sunt Electo, ritè super Eum completis, Prædeces-
„sorem suum pridie jam defunctum divinis cum obsequiis terræ commen-
„dare illico satagit. Expeditus proinde cum Religiosis Abbatibus, &
„cæteris, qui convenerant, non parva videlicet multitudine pransurus
„foris in atrio discumbit, ac parat se interea, ut crastino Imperatori
„Friderico apud Ulmam occurrat, habens secum inter alios Henricum

„Comitem de Ronsperg Ecclesiæ Advocatum, cumque Imperatori ambo
„se præsentassent, cognita Abbatis electione, quia Canonicè facta est,
„ab ipso tandem Principe confirmatur, & per Regalia sublimatur, ibique
„à Clero totius Curiæ in Ecclesiam cum impetu ducitur, præmissaque
„super eum benedictione, ut solet fieri à Laicis, nihilominùs velut in
„propria sede proclamatur. Ad Imperatorem denuò revertens de cu-
„riali exactione, vel remuneratione cum ipso electo Cancellarius studiosè
„pertractat. In hæc suos etiam Imperator cupiens adjuvari, prior pro-
„rupit in vocem dicens: omninò Juris esse, ut qui Duces, & Comites,
„cæterosque nobiles viros inbeneficiaret, promotus ab ipso per sceptrum
„hominibus Curiæ suæ deberet pariter conferre donationes. His ob-
„jectionibus Abbas respondens dixit, in Privilegijs contineri suis, se ab
„omni Regio negotio esse liberum, præter quod in promotione D. Im-
„peratori duos Canes pariles in libertatis testimonium adferre deberet.
„Item rogat Privilegia, quæ secum ex Monasterio tulerat, recitari, ut
„dignitates, vel Jura Ecclesiæ suæ omnis Curia certius recognoscat.
„Leguntur itaque Privilegia Imperatoris Ottonis videlicet, & Lotharij,
„nec non ipsius etiam Friderici Imperatoris, sed quidam ea sinistrè inter-
„pretantes securius dicunt Justitiam suam in his præscriptam non esse,
„magis magisque suggerentes Domino suo, ut præcipiat Abbati Curia-
„lem persolvere exactionem. Igitur paucos secum ibi habens Imperator
„de Principibus Regni sui, nec latè quid volebat sine Consilio eorum deter-
„minare, ac satisfacere cupiens parti utrique, memorato Abbati genera-
„lem Curiam apud Herbipolim celebraturus indicit, & ut secundum sibi
„à principibus conditam sententiam expedire sese queat, attentius præci-
„pit, sicque cum gratia ipsius Principis reversus solito apparatu in Ecclesia
„recipitur à nobis. Instabat nihilominus sacratissima JESU Christi nati-
„vitas, & Dux Welffo mortalium liberalissimus eundem Abbatem invitans
„ad prædictam solennitatem in vico Kerngatrunbte honestissimè retinuit,
„rogans ad hæc Dux præfatus, ut Curiam, diemque prædictam secum
„eundo & redeundo dignaretur consumare. Quo annuente perduxit
„nos satis deliciosè ad præscriptam Civitatem, ibique Coadunatis Prin-
„cipibus Suevorum scilicet, Francorum & Saxonum ventilata est in pa-
„latio nostræ profectionis causa, datis etiam Imp. Advocatis, alterutram
„partem discernendi. Cum igitur incassum ageretur negotium, Impera-
„tor secundò Ecclesiæ nostræ jubet recitare Privilegia, & exponi. De-
„inde præcipit Trevirensium Archi-Episcopo litem altercationis hujus
„Judiciali sententia solvendo dirimere. Ministris siquidem religiosius
„placere Curialibus volens, ne detrimentum animæ suæ faceret, com-
„municato Principum consilio adjudicârunt Abbatem securum fore de
„Curiali exactione, seu de remota itineratione, atque de omni Regia
„servitute: hinc cæteri Principum consentientes, petitaque licentia de
„Imperatore cum integritate Ecclesiæ nostræ seu justitia regressi sumus
„hilariter ad propria.

Auß diser Erzehlung und Archival-Urkund erhellet sattsam, daß zwar
die Exemption auf diesem Reichs-Tag impugniert, jedoch aber selbige
endlichen in Judicio contradictorio bestättiget, mithin de novo vortreff-
lich stabiliret worden seye.

Anno 1219. hat Abbt Conrad dem Kayser Friderich die Advocatie
über das Gotts-Hauß in feudum aufgetragen, welcher Kayser hernach
demselben die Privilegia auf nachfolgende Weiß confirmiret hat.

In Nomine Domini DEI æterni, & Salvatoris nostri
JEsu Christi.

„ Fridericus II. divinâ favente clementiâ Romanorum Rex semper Au-
„ gustus, & Rex Siciliæ. Si loca Religiosa, & ea, quæ divinis sunt cultibus
„ deputata, Regum, seu Imperatorum felicium prædecessorum nostro-
„ rum donis ditata sunt, & Privilegijs roborata, dignum judicamus &
„ honestum, dona ipsa & Privilegia in perpetuum confirmare. Notum
„ itaque fore volumus omnibus Imperij nostri fidelibus tam præsentibus
„ quam futuris, quod Nos Ottenburensis Ecclesiæ libertatem ab antiquis
„ Regibus & Imperatoribus sibi collatam nequaquam infringere, aut dimi-
„ nuere, sed corroborare, & ampliare potiùs cupientes, scriptum præde-
„ cessorum nostrorum Lotharij, & Domini Friderici avi nostri Impera-
„ torum felicis memoriæ propter veritatis evidentiam placuit nobis in
„ præsenti pagina interserere, ut deinde nostræ traditionis, & filij nostri
„ Henrici Suevorum Ducis & Rectoris Burgundiæ possimus odicta ordi-
„ natione opponere competenti. Est autem hujusmodi scriptum Impe-
„ ratoris Lotharij:
„ Privilegia venerandæ ac sacræ Congregationis Ottenburensis Cæ-
„ nobij ab Antecessore nostro Carolo M. Romanæ sedis Advocato, nec
„ non per Ottonem Imperatorem ejusdem Successorem cum Regionis
„ Suevorum, Beato videlicet Udalrico Augustensis Ecclesiæ, simulque
„ S. Ecclesiæ Constantiensis Conrado Præsulibus, & Duce Burchardo,
„ cæterorumque Principum ejusdem Provinciæ confirmata, quam divi-
„ nâ gratiâ sublimati successores prædictorum extitimus Imperatorum
„ omnimodo ex antiqua libertate dignitatis stabilire, stabilita corroborare,
„ & corroborata voluimus sigillare. Decernimus itaque secundum ab
„ antecessoribus nostris eidem præfatæ Abbatiæ ordinata & confirmata
„ Privilegia, defuncto quolibet Abbate fratres inter se liberam ac Cano-
„ nicam Electionem sine cujusque Contradictione secundum sancti &
„ Eximij Patris Benedicti Regulam habeant, quem meliorem & utilio-
„ rem sibi invenerint. Sin autem quemcunque divina gratia ad hanc
„ ordinaverit dignitatem, ubicunque reperiatur, Abbas ejusdem
„ claustri constituatur, constitutus nobis, nostrisque successoribus
„ præsentetur, & repræsentatus sublimetur per Regalia confirmatus.
„ Quisquis autem Abbas inibi constituatur, ab omni liber Regio nego-
„ tio, Deo liberius quatenus deserviat, expediatur, nihil ut ab eo duos
„ præter unius coloris canes exigatur, idque Religiosæ Congregationis
„ Cænobio in Testimonium libertatis æternaliter relinquatur, eo tamen
„ tenore, ut prædia cum mancipiis deliberatione communis consilij pro
„ libertate præfata ab eadem abstracta, Regia potestate cunctis in bene-
„ ficium Ducibus Allemanniæ concedantur, quorum nomina sunt hæc:
„ oppidum Omendingen, Trunkensperg, Husen, Dietrichshoven, Wein-
„ husen, Wahle cum decimis in Hilergeive, advocatia Ecclesiæ in Stain-
„ heim, advocatia Ecclesiæ in Kirchdorff, decimæ autem præfatorum
„ prædiorum â curtis Villicorum in domum eleemosinariam pauperes ad
„ reficiendos, secundum antiqua statuta ad Nos delato eodem tradan-
„ tur. Præcipiendo verò præcipimus, ne quis eidem advocatiæ Advo-
„ tus quasi hæreditario jure inibi constituatur, sed quilibet voluntate Ab-
„ batis fratrúmque suorum pro defensione ejusdem Monasterij eligatur.
„ Commissa verò advocatia pro Regio Jure Nobis, cæterisque Succes-
„ soribus nostris facta jurisjurandi fidelitate similiter juret Abbati, quod
„ secundùm posse, & nosse justus ac utilis Advocatus in res & homines
præ-

,,prædicti Monasterij existat, & quidquid placitando acquisierit, una
,,parte sibi retenta duas persolvat Abbati, & nullum præter se Advoca-
,,tum, vel exactorem constituat, nec aliquid privati vel publici muneris
,,vel à loco, vel ab homine Monasterij quasi ex debito, vel ex statuto
,,jure exigat. Amplius ad unumquemque locum, quem Abbas ad pla-
,,citandum ordinaverit, cum duodecim viris, totidemque equis semel
,,tantùm in anno veniat, nisi pro necessitate aliqua ab Abbate ejus, vel
,,Ministris sæpius advocetur, ac tunc honeste procuretur. Item infra lo-
,,cum verò Monasterij, vel alia eodem pertinentia nullum unquam legi-
,,timum placitum instituat, omninò interdicimus, nec aliquos de fa-
,,milia ejusdem Cænobij sive Ministeriales, sive servos sine justa delibe-
,,ratione suorum consociorum damnet, vel aliqua injuria offendat, qui
,,tamen Ministeriales optimo, quo fruuntur Fulden & Augen, jure po-
,,tiantur. Et ut in omnibus Abbati promptiores, paratiores existant &
,,fideliores, ab omni eos Regiæ servitutis debito absolutos esse volu-
,,mus. Si autem in aliquo illorum deviaverit, nisi infra quadraginta
,,dies resipuerit, gratia nostra, successorumque nostrorum sine spe re-
,,cuperationis privetur, privatus deponatur. Et ne fortè aliquis Advo-
,,catus, aut Tyrannus eò licentiùs sibi usurpet, aut vindicet aliquid ex
,,his, quæ sunt Abbatis & fratrum ejus, quasi nostri Juris non sit, no-
,,verint omnes fideles nostri, quemadmodum Dominus Carolus Impe-
,,rator primitùs magis pro defensione, quam servitutis utilitate suscepit,
,,ita & Nos strenuissimos Rectores & defensores esse sciant. Præterea
,,firmissimè statuimus, ne quis Abbatum de prædijs, sive reditibus Ec-
,,clesiæ, quæ impræsentiarum possidere cernitur, seu in futurum possi-
,,denda acquisierit, aliquam inbeneficiare præsumat personam, sed om-
,,nia integra ad usus fratrum reserventur & inconvulsa. Hoc si quis,
,,quod absit, ad sui ipsius perditionem temeratè præsumpserit,
,,dignitate sibi collata careat, & alius dignus Abbas pro eo eligatur, qui
,,hæc inviolabiliter conservet. Abbas & Monachi ibidem Deo servien-
,,tes à consuetudine Hirsaugiensium, quam hactenus habuisse videntur,
,,declinare nullo modo præsumant, sed in proposito S. Viri Ruperti Ab-
,,batis divinis orationibus insistendo vigilanter persistere contendant.
,,Ministeriales quoque ejusdem Ecclesiæ à Regali expeditione, & à ser-
,,vitio, vulgò dicitur Heerstewr, penitùs absolvimus, similiter & homi-
,,nes. Ut igitur tam Domini Imperatoris Lotharij scriptum, quàm
,,Domini Friderici avi nostri Imperatoris memoriæ felicis edictum omni
,,ævo ratum conservetur & firmum, & à nulla persona sæculari vel Ec-
,,clesiastica valeat immutari, eorum Privilegia duximus perpetuo con-
,,firmanda &c. Ad cujus rei perpetuam firmitatem præsens Privilegium
,,etiam fieri fecimus sigilli nostri munimine roboratum. Hujus rei te-
,,stes sunt Henricus Major Constantiensis Præpositus, Imperialis Aulæ
,,Protonotarius, Conradus Burggravius de Nürnberg, Conradus de
,,Laubin, Eberhardus Dapifer de Taun, Conradus, & Eberhardus de
,,Weinstetten, Burkardus de Hochenburg, Henricus, & Ulricus de
,,Schönegge, Wolfsatel de Haldenwang, Suigerus de Mündlberg, Or-
,,tolfus Constantiensis Canonicus, Walterus de Egg, & alij quam
,,plures. Datum apud Weingarten Anno Dominicæ Incarnationis
,,M. CCXIX. pridie Nonas Januarii, Indict. VIII. Regnante Domino no-
,,stro Friderico Illustrissimo Romanorum semper Augusto, & Rege Sici-
,,liæ, Annô verò Romani Regni ejus in Germania VIII. & in Sicilia
,,XXII. feliciter Amen.

Diese

Diese stattlich Privilegia, und nahmentlich die titulo onerosissimo per contractum utrinque obligatorium erworbene per decursum tam multorum sæculorum standhafft fortgesetzte Exemption und Freyheit ab omni Regia servitute, id est, ab Expeditione Regali, & Exercitali vel hostili clypeo, quod vulgò dicitur Heersteur (in deren statt die damahlige Collectæ Imperij eingetretten seynd) & à curiali itineratione, ac ab omni Regni negotio haben nit nur allein hierauf Rudolphus Rex Romanorum apud Werenthaimb VIII. Calend. Febr. Indict. VIII. Annô Domini M. CCXCV. unter vollständiger verbal inserirung beß nächstvorstehenden Diplomatis Fridericiani; sonderen auch alle im Reich nachgefolgte Röm. Kayser und Könige biß auf deß jetzo allerglorwürdigist regierende Kayserl. Majestät JOSEPHUM II. &c. &c. in serie non interrupta, tam in genere quàm in specie per extensum allermilbist zubestättigen, zumahlen auch das Gotts-Hauß hierbey in all widrigen Anfäll allergerechtist zubeschützen geruhet.

Nebst diesen höchsten Gutthätern haben unser Gottes-Hauß viele andere durch ihre besonders grosse Freygebigkeit, und Neigung verbunden gemachet, deren Angedencken bey uns, und unseren Nachkömmlingen unsterblich seyn wird. Weilen wir ihre Namen an verschiedenen Stellen, und Orten beygebracht, erachten wir unnöthig zu seyn, daß wir selbe wiederhollen; und schlüssen also dieß geringe Werckgen mit dem uns von dem Heil. Vatter Benedicto eingeflößten Wunsch,

Das in allem / und von allen GOtt allein
gelobet und gepriesen werde.

www.ingramcontent.com/pod-product-compliance
Lightning Source LLC
Chambersburg PA
CBHW032246080426
42735CB00008B/1019